COLECCIÓN MANUALES
segundo año de vida
manuales de estimulación

2

texto:
m. isabel lira
psicóloga

dibujos:
soledad folch

Del Nuevo Extremo

Lira, María Isabel
  Manuales de estimulación : segundo año de vida / coordinado
por Tomás Lambré - 1a ed. 1a reimp. - Buenos Aires : Del
Nuevo Extremo, 2010.
  84 p. ; 20x20 cm.

  ISBN 978-987-609-019-3

  1. Psicologia Evolutiva. I. Lambré, Tomás, coord. II. Título
  CDD 155.7

© del texto, María Isabel Lira
© de las ilustraciones, Soledad Folch
© Editorial Del Nuevo Extremo S.A., 2010
A. J. Carranza 1852 (C1414COV) Buenos Aires, Argentina
Tel/Fax: (54-11) 4773-3228
e-mail: editorial@delnuevoextremo.com
www.delnuevoextremo.com

Autora: M. Isabel Lira
Ilustradora: Soledad Folch

ISBN: 978-987-609-019-3

Reservados todos los derechos. Ninguna parte de esta
publicación puede ser reproducida, almacenada o
transmitida por ningún medio sin permiso del editor.
Hecho el depósitoque marca la ley 11.723

Impreso en la Argentina - *Printed in Argentina*

introducción

Este libro contiene los últimos doce manuales de estimulación de un total de veinticuatro. La primera serie de doce la encontrará en el libro número 1 de los Manuales de Estimulación.

A través de ellos ponemos en sus manos un instrumento que le servirá para favorecer el desarrollo psíquico de su niño desde el nacimiento hasta que cumpla dos años de edad.

Cada uno de los manuales consta de dos partes. La primera contiene indicaciones sobre normas de crianza de su niño. De esta manera, cada mes, usted encontrará tres ideas básicas sobre estos temas: importancia del desarrollo psíquico, capacidad de aprendizaje que tiene el niño desde su nacimiento, su necesidad de explorar y conocer el mundo en que vive, su necesidad de cariño, lo inconveniente que resulta de utilizar el castigo, la necesidad de utilizar una disciplina consistente, etc.

Cada una de estas ideas se presenta en una breve explicación. Para que usted pueda estar plenamente segura de haber comprendido lo que ha leído, cada idea va seguida de un ejercicio que consiste en una frase incompleta. El agregar la o las palabras que faltan requiere haber comprendido el texto anterior.

En la segunda parte de cada manual le sugerimos actividades para distintos momentos del día: mientras usted alimenta a su niño, mientras lo muda o cuando lo deja solo.

Estas actividades están programadas para lograr un mejor desarrollo de su niño en cuatro áreas:

— Área de Motricidad Gruesa (M): estimular esta área significa ayudar a su niño a adquirir fuerza muscular y control de sus movimientos para que progrese desde conductas muy simples, como sujetar la cabeza cuando se lo endereza, hasta comportamientos más difíciles, como son correr, saltar, etc. Este desarrollo es muy importante porque permite a su niño conocer primero su propio cuerpo y luego el mundo que lo rodea.

—Área del Lenguaje (L): estimular esta área significa ayudar a su niño para que aprenda a comunicarse con los demás a través de palabras. Esto es muy importante para el aprendizaje posterior, y su desarrollo se inicia ya desde los primeros balbuceos.

—Área de Coordinación Intersensorial (C): el desarrollo de esta área significa que su niño va coordinando lo que capta a través de sus sentidos con su actividad; coordina lo que ve con lo que hace, o lo que oye con lo que ve.

—Área Social (S): estimular esta área significa ayudar a su niño a relacionarse con otras personas. El desarrollo social se manifiesta ya con la primera sonrisa; posteriormente, es un largo proceso en que el niño descubre a las personas que lo rodean, aprende a querer y respetar, a ser querido y aceptado.

Cada sugerencia de actividad está precedida por una letra mayúscula que identifica el área de desarrollo a la que se refiere preferentemente el ejercicio que usted pone en práctica con su niño.

Ahora bien, las actividades se eligieron de modo que:

— sea posible realizarlas dentro de las situaciones cotidianas en que se desenvuelven usted y su niño.

— no le signifiquen a usted tener que disponer de mucho tiempo adicional.

— los objetos que se utilicen (juguetes, etc.) existan, en lo posible, en su casa.

— la descripción de las actividades sea breve y en lenguaje simple, evitando los términos demasiado técnicos.

Cabe agregar que, si bien es cierto que la aplicación de estos veinticuatro manuales tuvo resultados positivos en la experiencia ya señalada anteriormente, ellos tienen, por cierto, sus limitaciones. Cada grupo o cada madre que los utilice deberá adaptarlos a su situación particular.

Las deficiencias que usted pueda detectar son de responsabilidad absoluta de la autora. En lo bueno y positivo que estos veinticuatro manuales tengan, usted podrá reconocer la generosa contribución del doctor Hernán Montenegro A., y de las psicólogas Soledad Rodríguez S. e Isabel Margarita Haeussler P.

A ellos, a las madres que utilizaron los manuales en su aplicación experimental, a la psicóloga Sonia Bralic, quien revisó con increíble paciencia la versión final, a Soledad Folch, que ilustró las actividades propuestas y a Lity Ortiz, por la transcripción a máquina, mis más sinceros agradecimientos.

A usted y su familia, mi ferviente deseo de que estas sugerencias puedan ayudarlos en la maravillosa tarea de favorecer integralmente el desarrollo de su niño.

M. ISABEL LIRA
Psicóloga
Septiembre de 1977.

manual doce meses

1

Dijimos anteriormente que la curiosidad es importante para el desarrollo del niño. Algunos papás no entienden esto y dicen: "Si por curiosear rompe el florero, hay que castigarlo, para que aprenda que eso no debe hacerse". Y lo castigan también cuando hurguetea lo que hay en un bolso, lo castigan si toma un plato, etc. Tantas veces lo retan, le pegan o le gritan "No" que el niño empieza a sentir miedo; aunque sienta curiosidad por conocer algo, no se acerca por miedo a que lo castiguen.

Esta es una de las maneras en que los padres, sin quererlo, impiden el desarrollo de la inteligencia de sus niños. En vez de estimular su curiosidad por aprender, se oponen a ella.

Si a un niño se le castiga mucho, comienza a sentir miedo; si tiene miedo no puede aprender; y si no aprende, no desarrolla su ....*

2

El castigo hace que el niño le tome miedo a las cosas y también a las personas que lo castigan. Sentirá que si le pegan o le gritan es porque no lo quieren; el niño tampoco podrá sentir cariño por una persona que lo castiga frecuentemente. Una de las cosas más graves que puede sucederle a un niño es sentir que los padres no lo quieren, o que él no puede quererlos.

El castigo frecuente es malo para el desarrollo del niño, porque él sentirá que sus padres no lo .... y que él no puede .... a sus papás.*

3

El castigo no es la mejor manera de educar a un niño. Es importante saber que aprende más con premios que con castigos. A la gente grande le pasa lo mismo. Así por ejemplo, si Ud. es puntual en su trabajo y por eso le dan un premio (un sueldo extra), Ud. va a tratar de seguir siendo puntual. Si Ud. prepara un guiso y todos se lo celebran, va a tratar de que los guisos le queden buenos. Los niños, igual que la gente grande, tratan de repetir las actividades por las cuales reciben premios: dinero, elogios, atención, cariño.

Si un niño hace algo y la mamá lo premia (le hace cariño, le da un beso, etc. tratará de volver a hacerlo.

Si un niño se porta bien y la mamá lo premia, lo más probable es que trate de portarse ....*

---

*Si Ud. no puede completar la frase colocando la palabra adecuada donde aparece un espacio, es conveniente que relea las líneas anteriores. Las respuestas esperadas en cada uno de los recuadros aparecen en la última página de cada manual.

mientras lo muda o baña

Algunas mamás dicen: "A mí me gustaría ayudar a mi niño para que se desarrolle bien, pero tengo demasiadas cosas que hacer y no me queda tiempo para dedicarle a él". Le preguntamos: ¿Tienen tiempo para mudarlo? Todas responden que sí. Entonces, lo que hay que hacer es aprovechar ese rato, aunque sea corto, lo mejor posible. Para saber si Ud. está cooperando en el desarrollo de su hijo, hágase las siguientes preguntas:

— Aprovechando que el niño está desnudo o con poca ropa, ¿lo deja Ud. moverse libremente?

— ¿Le ayuda Ud. a hacer un poquito de gimnasia? (basta con cinco minutos).

— Cuando lo baña, ¿le pasa algunas cosas para que juegue?

— Cuando lo seca, ¿se acuerda de masajearle suavemente todo el cuerpo?

— ¿Se acuerda Ud. de hablarle, de repetir los sonidos que el niño dice, de nombrarle las partes del cuerpo?

— ¿Podría su niño decir que éste es un rato de felicidad para él porque Ud. le sonríe, lo acaricia, le canta?

— ¿Sucede de vez en cuando que otras personas bañen o muden al niño? (papá, hermanos, abuelitos).

Si Ud. ha contestado que sí a todas estas preguntas, quiere decir que es una excelente mamá, que está poniendo todo de su parte para que su niño se desarrolle normalmente.

mientras lo alimenta

Revise las sugerencias hechas en los manuales 9, 10 y 11.

Repita esos ejercicios. Además:

(L)* — Empiece ahora a enseñarle al niño a mostrar partes del cuerpo que Ud. le nombra. Dígale "Muéstrame tu pie"; tóquele el pie y dígale: "Este es tu pie". Haga lo mismo con otras partes del cuerpo. (Fig. 1).

(L) — Si el niño toca o muestra cosas con la mano, dígale el nombre del objeto (Fig. 2).

(CS) — Déjelo que tome agua o leche en un vaso. Recuerde que el vaso debe ser irrompible y con un poquito de líquido solamente (por si se le cae).

(C) — Deje miguitas de pan encima de la mesa y pídale al niño que las vaya echando en una taza. (Fig. 3).

C Actividad que favorece el desarrollo de la coordinación fina e intersensorial.
M Actividad que favorece el desarrollo de la motricidad.
L Actividad que favorece el desarrollo del lenguaje.
S Actividad que favorece el desarrollo social.

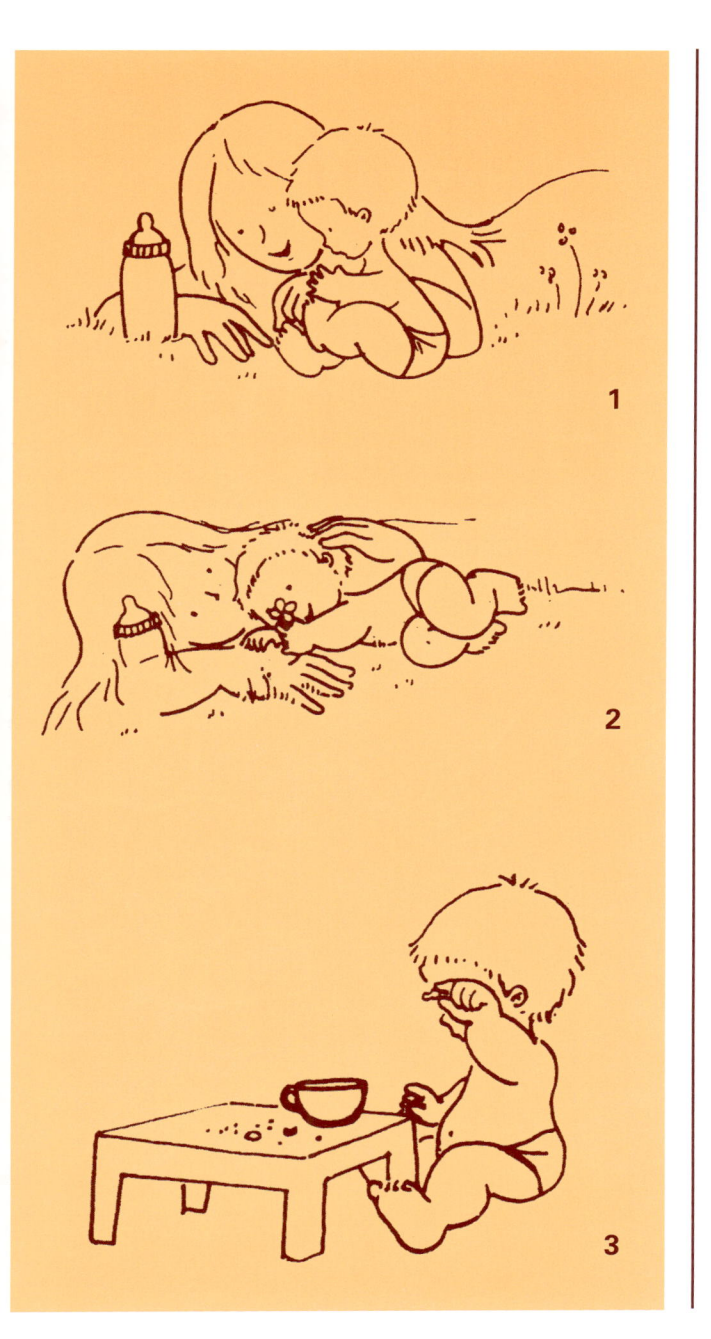

entre comidas

Cuando su niño tenía 2 o 3 meses era feliz estando en su cuna. Después, necesitó mayor espacio para poder sentarse, jugar, moverse; hasta los 11 meses, podía pasar largos ratos en el corral. Ahora ha crecido y necesita más espacio para seguir adelante en su desarrollo.

El segundo año de vida será un año difícil para la mamá, porque el niño no querrá quedarse largo rato en su cama o corral sin algo que realmente lo entretenga; y todavía está muy chico para dejarlo andar solo por la casa.

Algunas de las siguientes actividades le servirán a su niño para su desarrollo y le servirán a Ud., que podrá trabajar tranquila mientras él se entretiene y aprende.

(S) — Cómprele a su niño una muñeca de plástico barata. Si no dispone de dinero puede hacerle una de género. No importa que su niño sea hombrecito. (Fig. 4).

(C) — Otro juguete con el cual su niño gozará y aprenderá durante años son los cubos de madera. En el comercio venden bolsitas con los cubos listos, pero le saldrá más barato si compra un listón en una barraca y pide que se lo corten (hay que lijarlos para que queden suaves). Otra posibilidad es pedirle a un trabajador de la construcción o a un carpintero que le guarde recortes que le sobren.

Con estos cubos, su niño aprenderá y hará muchas cosas: golpearlos, tirarlos, meterlos en una bolsa, sacarlos, ponerlos en fila, hacer torres. (Fig. 5).

(C) — Deje un objeto que al niño le guste fuera del alcance de su mano. Pásele cualquier cosa larga (palo, cuchara de madera) y animelo a que la use para acercar el objeto. (Fig. 6).

(M) — Recuerde que es importante a esta edad que su niño se ejercite para caminar; hágalo andar tomándolo de las manos; déjelo andar apoyándose en los muebles; déjelo aprender a pararse y acuclillarse con apoyo. (Fig. 7).

(M) — Otro ejercicio que lo prepara para caminar y tener firmeza es sentarlo en un pinito bajo (o cajón); la altura debe ser la de las rodillas del niño. Siente al niño y colóquese a un lado, mostrándole algo que le guste para que dé vuelta el cuerpo hacia ese lado. Póngase luego al otro lado y haga lo mismo. En seguida, párese al frente del niño y tiéndale las manos, estimulándolo a pararse. (Fig. 8).

Si a su niño le cuesta especialmente responder a ciertas actividades, por ejemplo las del área de la motricidad, repita las sugerencias que aparecen en manuales anteriores y que tienen la letra M al margen. Lo mismo vale para las otras áreas.

Para que el niño crezca se le debe alimentar; su inteligencia se debe estimular.

Respuestas esperadas: 1) inteligencia; 2) quieren, querer; 3) bien.

manual trece meses

1

No es bueno que la mamá ayude al niño a hacer cosas que ya podría hacer solo. Imagínese que el niño está tratando de poner un objeto en una caja; por ejemplo, un cubo; lo intenta una o dos veces, pero se le cae y no puede meterlo. Si la mamá está siempre dispuesta a ayudarlo, no lo deja aprender. El niño tiene que hacer las cosas él mismo, para aprender; al comienzo le costará, pero si lo deja ensayar, lo hará cada vez mejor.

Para que el niño aprenda más rápido, no es bueno que la mamá…..al niño a hacer las cosas que ya podría hacer solo*

2

Si Ud. deja que el niño haga algunas cosas solo, lo ayudará a que aprenda más y también a que tenga seguridad en sí mismo.

Es muy importante que el niño sienta que puede hacer cosas, que puede hacerlas bien, que no es tonto.

El niño que se siente seguro de su capacidad aprende mucho más rápido. Para que tenga esta seguridad, hay que dejarlo ensayar, dejarlo hacer cosas por su cuenta y celebrarlo cuando éstas le resultan bien: "Muy bien", "Qué bien hiciste eso" "Mira qué inteligente eres".

Si los padres celebran al niño cuando hace algo bien, lo ayudan a sentirse…. de su capacidad.*

3

Los padres nunca deben decirle ni hacerle sentir a un niño que es tonto. No deben permitir tampoco que otras personas (hermanos) digan del niño que es torpe. Cuando a un niño le hacen sentir que es poco inteligente, actúa como si fuera poco inteligente y antes de hacer las cosas piensa que no le van a resultar porque todos le han dicho que es tonto. Entonces no hace las cosas y no aprende.

Para que su niño se desarrolle normalmente, nunca, ni los padres ni nadie debe decirle o hacerle sentir que es poco ………………

---

*Si Ud. no puede completar la frase colocando la palabra adecuada donde aparece un espacio, es conveniente que relea las líneas anteriores. Las respuestas esperadas en cada uno de los recuadros aparecen en la última página de cada manual.

actividades que su niño puede hacer solo

Mientras Ud. trabaja en los quehaceres de la casa, el niño puede aprender y entretenerse si le deja a mano algunas cosas.

(S)* — Dele oportunidades para moverse y jugar libremente; ojalá con otros niños.

(C) — Llene parcialmente con agua una botella plástica transparente; échele algunos objetos adentro (una moneda, un dedal, porotos, un trapito, etc.). Ciérrela firmemente para evitar que el agua se derrame y pásesela al niño para que juegue con ella.

(MC) — Puede comprarle un juguete que, al tirarlo, va produciendo sonidos.
A su niño le gustará y le hará bien ver que al tirar el cordel el juguete se mueve y suena.

(CL) — A su niño le gustará tener un libro de cuentos; pero, si Ud. le compra uno de papel, lo más probable es que lo rompa. Esto se puede solucionar de dos maneras. Una es que le haga un libro con las páginas de género; cada página con una sobra de género distinto, ojalá de distintos colores; o género blanco sobre el cual se hacen dibujos simples. (Fig. 1).

Otra manera de hacer un libro de cuentos irrompible es forrando las hojas con plástico. En lo posible, las hojas deben tener dibujos de objetos que el niño conozca grandes y en colores: manzana, perro, niño, etc. Meta el dibujo dentro de la bolsa plástica y pásele una costura para que no quede suelto. Cuando tenga varias hojas forradas, cósalas juntas para que quede como un libro. Hágalo con plástico grueso; el delgado se rompe y es peligroso que el niño lo trague.

(C) — Pásele una caja de tallarines vacía y abierta por los dos lados; muéstrele cómo hacer pasar cosas de un lado a otro. (Fig. 2).

(M) — Cómprele al niño, si le es posible, una pelota chica de plástico. Son fáciles de tomar y se pueden tirar sin romper cosas. Si no dispone de dinero, hágale una de género.

C Actividad que favorece el desarrollo de la coordinación fin e intersensorial.
M Actividad que favorece el desarrollo de la motricidad.
L Actividad que favorece el desarrollo del lenguaje.
S Actividad que favorece el desarrollo social

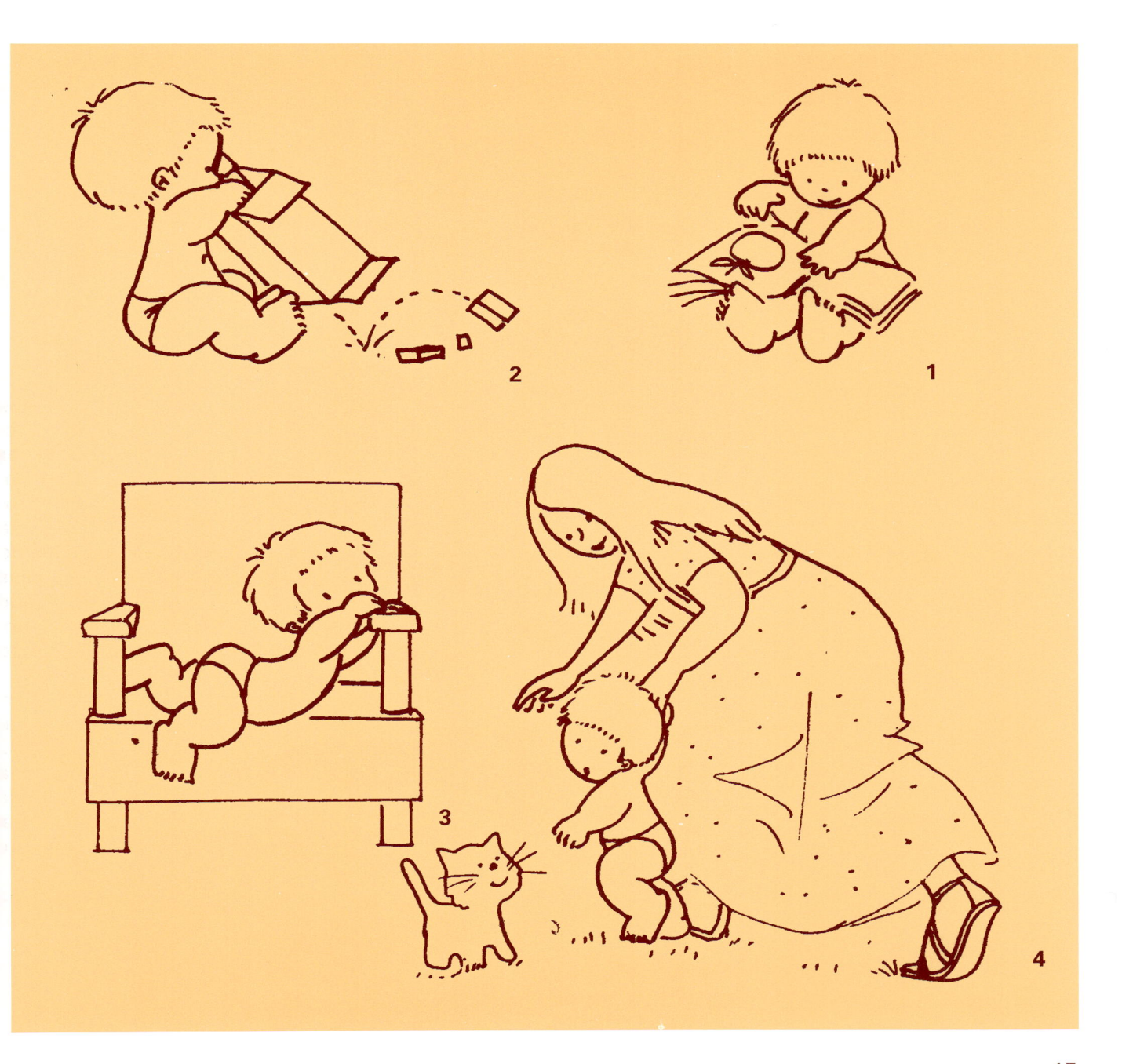

15

actividades que su niño puede hacer con la ayuda de otra persona

(M) — Si su niño quiere subir escalas, meterse debajo de un mueble, subirse a una silla, meterse en una caja, etc., déjelo hacerlo. Este ejercicio es necesario para su desarrollo físico y mental. (Fig. 3).

(MLS) — Sáquelo a caminar; pare en los lugares que le interesen, nómbrele los objetos que le llamen la atención: "gato", "bus", "piedra" (Fig. 4).

(C) — Pásele un papel (no importa que sea viejo, de envolver o de diario) y un lápiz; ojalá grueso y de cera. Enséñele a rayar. No espere que haga algo ordenado; el lápiz lo tomará igual que como toma cualquier palo. Déjelo jugar libremente. (Fig. 5).

(M) — Cuando lo alce en brazos, tómelo parado y con la espalda del niño tocando su cuerpo. Sujételo con ambas manos a la altura de los muslos del niño. Esta posición le deja libertad para mirar, mover los brazos y ejercitar su equilibrio. (Fig. 6)

(CL) — Tómelo en brazos y hágale apagar la luz, apretando el interruptor. Cuando la encienda, repítale: "luz".

(C) — Cuando lo bañe, póngale cosas en el agua. Esto le servirá para aprender muchas cosas que Ud. no le puede explicar con palabras. Él aprenderá solo que algunas cosas se van al fondo (metal), que otras no se hunden (corcho), que el agua se puede meter en una tacita. (Fig. 7). Aprenderá que aunque esconda las cosas debajo del agua, se siguen viendo: que el agua cuando se golpea, salpica (cosa que no pasa al golpear una olla), que la esponja, al apretarla debajo del agua, hace globitos, etc.
Cinco minutos en el agua le servirán a su niño para aprender muchas, muchas cosas. Todo esto sin ningún esfuerzo para Ud., sólo un poquito de paciencia.

(CM) — Esconda un objeto mientras el niño lo está mirando y anímelo para que él lo vaya a buscar. Puede esconder el objeto detrás de la puerta, debajo de la cama, etc. Deje que el niño lo vaya a buscar en la forma que le sea posible: gateando, afirmándose de algo, caminando.

Si a su niño le cuesta especialmente responder a ciertas actividades, por ejemplo, las del área de la motricidad, repita las sugerencias que aparecen en manuales anteriores y que tienen la letra M al margen. Lo mismo vale para las otras áreas.

La inteligencia de un niño depende de los papás. Si se alimentan, crece; si no se queda atrás.

Respuestas esperadas: 1) ayude; 2) seguro; 3) inteligente.

5

7

8

manual catorce meses

1

Hemos dicho anteriormente que para educar a un niño es importante premiarlo cuando hace algo bien. Un premio es algo que al niño le agrada. Puede ser un jugo, algo dulce, un juguete: éstos se llaman premios materiales. O puede ser también una sonrisa de la mamá, un beso, tomar al niño en brazos, prestarle atención: éstos se llaman premios sociales.

**Si su niño hace algo bien (tomarse toda la sopa, andar solo algunos pasos, encontrar algo cuando juega con él a "las escondidas", etc.) Ud. puede darle un premio material como un .... o puede también darle un premio social como ....* **

2

Algunas mamás se preguntan: ¿Debo estar siempre premiando al niño por todas las cosas que hace bien? No; no es necesario. Pero, cuando Ud. le esté enseñando algo nuevo, entonces sí que importante que lo premie *todas las veces que el niño haga eso bien.*

---

* Si Ud. no puede completar la frase colocando la palabra adecuada donde aparece un espacio, es conveniente que relea las líneas anteriores. Las respuestas esperadas en cada uno de los recuadros aparecen en la última página de cada manual.

Si Ud. le está enseñando a que obedezca órdenes simples como "dame el pan", es importante que, en un comienzo, lo premie las veces que obedezca.*

Después de que haya aprendido a obedecerle esas órdenes, no es necesario que siga premiándolo .... las veces.*

3

Es importante que le dé el premio al niño, inmediatamente después de que ha hecho algo bien. Cuando el premio se da después de mucho rato, el niño no sabe qué es lo que se le está premiando.

A continuación le presentamos dos ejemplos: Ud. debe decidir cuál mamá lo hizo mejor.

Ejemplo 1: Juanito se comió toda su comida. Al terminar, la mamá lo tomó en brazos un ratito, le hizo cariños, le dio un beso.

Ejemplo 2: Rosita se comió toda su comida. Al terminar, la mamá le recogió el plato y pensó: "Se portó muy bien; mañana, en premio le voy a dar postre".

La mamá de .... actuó mejor, porque le dio el premio .... después que el niño hizo algo bien.*

actividades que su niño puede hacer solo

(C)* — Puede mostrarle cómo pasar cositas de un tarro a una caja, por ejemplo. Después de algunas demostraciones, es probable que el niño se entretenga solo, pasando los objetos de un envase a otro. (Fig. 1).

(M) — Si su niño ya camina, le gustará mucho tirar un carretoncito. Hágale uno con una caja de zapatos y un cordel. (Fig. 2).

(LS) — Algunas mamás, para poder trabajar tranquilas, dejan al niño frente a la TV durante momentos muy largos. Esto no es bueno; recuerde que el niño debe jugar, hacer y descubrir cosas por sí mismo y no sólo mirar lo que hacen otros.

(LC) — Para cambiarle de actividad, puede pasarle el libro de cuentos que le fabricó el mes pasado.

(C) — Posteriormente puede pasarle alguna prenda de vestir con botones grandes; muéstrele como se desabotona y déjelo después que él desabotone el resto. Cuando haya terminado, vuelva a abotonar la prenda.

(C)* — A esta edad basta que le deje cerca 3 o 4 objetos que Ud. sepa que le interesan, para que él descubra por su cuenta qué hacer con ellos.

C Actividad que favorece el desarrollo de la coordinación fina e intersensorial.
M Actividad que favorece el desarrollo de la motricidad.
L Actividad que favorece el desarrollo del lenguaje.
S Actividad que favorece el desarrollo social.

actividades que su niño puede hacer con la ayuda de otra persona

(ML) — Salga a caminar y déjelo detenerse en los lugares que le interesen; nómbrele las cosas que ve. Premie sus intentos de repetir las palabras.

(CS) — Haga que alguna persona de la casa (es importante que esté con otras personas además de la mamá) le muestre cómo hacer construcciones simples con los cubos de madera: filas, torres, etc.

(L) — Pídale al niño que le muestre cosas: "Muéstrame la cuchara... el plato... el techo... la ventana"... Si se equivoca corríjalo con cariño. Por ejemplo: si Ud. le dice "Muéstrame la ventana" y el niño le muestra la puerta, dígale: "Puerta, ésa es la puerta"; y mostrándole la ventana, diga: "Ésta es la ventana".

(C) — Enséñele a soplar, por ejemplo, un fósforo, una vela, etc. Puede también soplar papelitos que se levantarán con el viento.

(C) — Si tiene a su alcance cosas que tengan olor agradable, como flores, naranjas, etc., acérquelas para que las huela.

(C) — Llene hasta la mitad un vaso con porotos (o garbanzos o lentejas) y muéstrele cómo vaciarlos a otro envase. Trate de que él haga lo mismo. Pídale que recoja los porotos que cayeron afuera. No deje al niño solo jugando con los porotos y revise que no queden algunos en el suelo, porque se los puede tragar.

(L) — Mientras Ud. está ocupada en los quehaceres de la casa, cuéntele al niño en voz alta lo que va haciendo.

(M) — Haga una pelota de trapo, tírasela; haga que él la tire; déjelo que la vaya a buscar donde cayó, etc. (Fig. 3).

(MLS) — Siente al niño sobre las rodillas del papá u otra persona y hágalo "galopar" mientras le canta alguna canción de niños ("Arroz con leche", etc.). (Fig. 4).

(S) — No se olvide de que su niño necesita que le demuestren cariño. Dele un beso cuando se despierta, al acostarlo, cuando se porta bien. (Fig. 5).

(SC) — Deje que coopere en vestirse y desvestirse; sacarse el gorro, los calcetines, etc. Su paciencia de hoy le ahorrará tiempo mañana. Lo más importante es que su niño irá aprendiendo y será más independiente. (Fig. 6).

(M) — Estimúlelo a que se suba solo a una cama o a una silla; que suba gradas o peldaños, aunque sea gateando. (Fig. 7).

(M) — Todos los días antes de llevarlo a la cama, junte con él las cosas con que juega, en una bolsa o caja. (Fig. 8).

Si a su niño le cuesta especialmente responder a ciertas actividades, por ejemplo, las del área de la motricidad, repita las sugerencias que aparecer, en manuales anteriores y que tienen la letra M al margen. Lo mismo vale para las otras áreas,

22

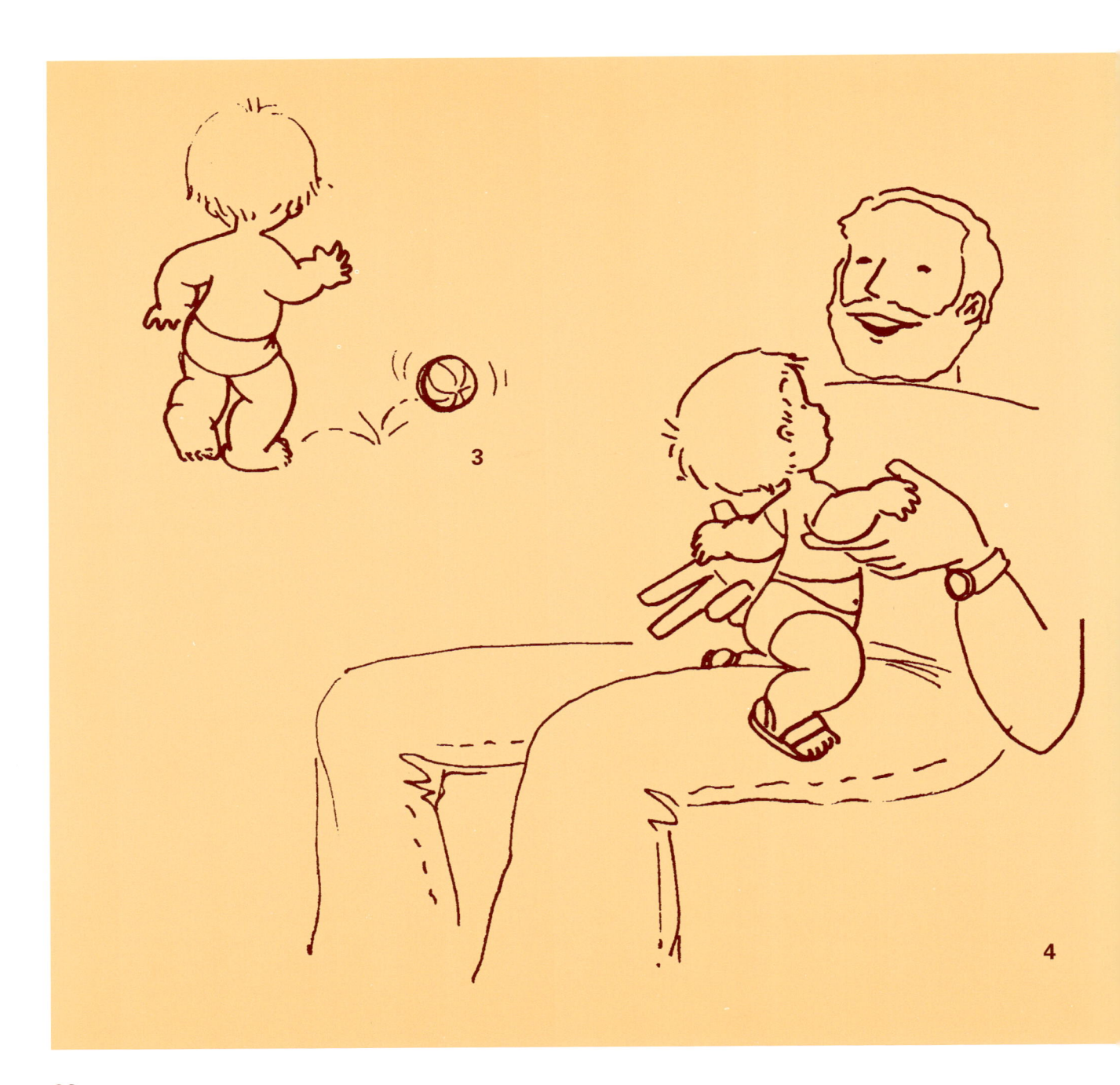

5

6

7

8

¿Cómo puedo yo la mente de mi hijo alimentar? Haciendo los ejercicios que se dan en el manual.

Respuestas esperadas: 1) jugo o dulce o juguete, —sonrisa o beso o atención; 2) todas,— todas; 3) Juanito, —inmediatamente.

manual de los quince meses

1

Para que el niño se desarrolle físicamente, es indispensable alimentarlo bien. Para que se desarrolle mentalmente, es indispensable que juegue. Por esto le proponemos todos los meses distintos juegos o actividades, que son ejercicios importantes para el niño.

Ninguna mamá debería dormir tranquila si su niño no ha jugado en todo el día, porque es igual que lo hubiera dejado sin comer.

Un niño limpio y bien alimentado será sano físicamente; pero, si la mamá no lo deja jugar, se retrasará en su desarrollo ....*

2

¿Por qué es tan importante el juego?

Porque jugando el niño aprenderá a conocer el mundo que lo rodea. Jugando aprende que hay cosas chicas, grandes, redondas, cuadradas, cortas, largas, de distintas formas. Jugando aprende que los objetos tienen distintos colores, distintos pesos, distintas cualidades: duros, blandos, líquidos, fríos, calientes. Jugando aprende que hay cosas que están cerca y cosas que están lejos; que hay cosas que pasaron antes, que suceden ahora, que ocurrirán después. Jugando aprende dónde tiene sus manos, dónde tiene sus pies. Jugando aprende que al empujar algo, se mueve; que al botar algo, hace ruido.

Jugando aprende miles y miles de cosas que no terminaríamos nunca de enumerar.

El niño necesita aprender muchas cosas en sus primeros años de vida y la única forma de aprender para él, es a través del...................*

3

El juego es importante para el niño, pero no le pase demasiados objetos juntos. Déjele bastante tiempo para jugar con algo que le gusta. Cuando note que se ha aburrido, cámbiele el objeto por una o dos cosas nuevas.

Cuando un niño está jugando, no es conveniente pasarle .... juguetes el mismo tiempo, ni cambiarle de actividad .... con .... rapidez.*

Como todos los meses, a continuación le proponemos actividades que favorecen el desarrollo de su niño.

---

* Si Ud. no puede completar la frase colocando la palabra adecuada donde aparece un espacio es conveniente que relea las líneas anteriores. Las respuestas esperadas en cada uno de los recuadros aparecen en la última página de cada Manual.

actividades que su niño puede hacer solo

(SC) — Dele al niño algunos objetos para que pueda usarlos jugando con la muñeca (no importa que su niño sea hombre o mujer). Le puede hacer un ponchito de género que pueda ponérselo o sacárselo. O pasarle una cucharita para que "le dé de comer".

(C) — Pásele algún envase que se destape destornillando la tapa (Fig. 1).

(M) — Ponga la radio y pásele dos tapas de olla para que las golpee llevando el ritmo de la música (Fig. 2).

(C) — Junte carretes de hilo. Dele al niño un cordel para que haga un collar con ellos. Para que no se le salgan por el otro extremo, puede amarrar algo a una punta del cordel (Fig. 3). Puede repetir también cualquiera de las actividades propuestas en manuales anteriores y que le gusten al niño.

(C) — Júntele cajitas de fósforos vacías. Enséñele a abrirlas y cerrarlas (Fig. 4).

C Actividad que favorece el desarrollo de la coordinación fina e intersensorial.
M Actividad que favorece el desarrollo de la motricidad.
L Actividad que favorece el desarrollo del lenguaje.
S Actividad que favorece el desarrollo social.

actividades que su niño puede hacer con la ayuda de otra persona

Para que el niño crezca se le debe alimentar; su inteligencia se debe estimular.

(LS) — Deje que el niño la acompañe mientras Ud. realiza algunas actividades domésticas; mientras hace las camas, mientras lava. Convérsele sobre lo que está haciendo. No use lenguaje infantil y trate de ser expresiva en lo que comenta (Fig. S).

(LC) — Pásele una revista. Deje que el niño dé vuelta las hojas. Hágalo reconocer objetos conocidos diciéndole: "¿Dónde está el perro?", etc.

(C) — Pásele dos tarros de distinto tamaño y enséñele a colocarle a cada uno la tapa que corresponde. Después puede complicar el ejercicio con 3 o más envases. (Fig. 6).

(S) — No se olvide de que es importante que el niño conozca a distintas personas y se vaya acostumbrando también a quedarse con ellas y no sólo con la mamá.

(ML) — Si está barriendo, siéntese un minuto y pídale a su niño que pase por debajo de la escoba y después por encima; mientras lo hace, dígale: "por arriba", "por abajo", (Fig. 7).

(CS) — Lleve el ritmo de alguna canción, haciendo distintos ruidos; puede silbar, golpear con los dedos en algo de madera o rasquetear una peineta. Estimule a su niño para que la imite.

Si a su niño le cuesta especialmente responder a ciertas actividades, por ejemplo, las del área del desarrollo social, repita las sugerencias que aparecen en manuales anteriores y que tienen la letra S al margen. Lo mismo vale para las otras áreas.

Respuestas esperadas: 1) mental; 2) juego 3) demasiados, mucha.

9

6

7

7

manual dieciséis meses

1

Anteriormente vimos que el castigo físico no era recomendable para educar a un niño por varias razones (¿las recuerda?).

Ahora veremos otra razón por la cual el castigo físico no es recomendable.

Usted habrá observado que su niño repite cosas que Ud. hace o dice. Si Ud. canta, cantará; si ríe, se reirá; si golpea, el niño golpeará. Los niños imitan lo que los grandes hacen. Si Ud. le pega al niño, él después la imitará pegándole a otro niño. Es decir, cuando Ud. lo golpea, le está mostrando cómo se golpea a una persona.

Cuando los papás lo pegan a un niño; muchas veces no se dan cuenta de que le están enseñando a ....*

2

Cada vez que Ud. castiga a un niño, aunque sea sin pegarle, debe preguntarse: ¿Cuántas veces lo he premiado por hacer lo contrario? Si Ud. castiga a un niño por pelear con el hermano, pregúntese: ¿Cuántas veces lo he premiado por estar jugando sin pelear? Esta pregunta es importante, porque si Ud. se acuerda de premiar lo bueno, los niños se portarán bien.

Es mucho más fácil y mejor educar a un niño premiándolo por lo bueno, que castigándolo por lo malo.

Una mamá nos dice que castigó a su niño porque botó todo el jugo del vaso. La mamá deberá preguntarse ¿cuántas veces he premiado al niño por tomar el jugo .... botarlo?

3

El desacuerdo entre las personas que están a cargo de la crianza del niño (papá, mamá, abuelitos) produce en el niño mucho más problemas de lo que los padres se imaginan.

Sucede a veces, por ejemplo, que el papá está dándole puré al niño; el niño se ensucia toda la cara con la comida y el papá se ríe porque encuentra que se ve muy divertido. Luego, aparece la mamá y grita al niño y lo reta por comer en esa forma. El resultado es que el niño no sabe si lo que hizo está bien o mal. Cuando un niño no sabe qué es lo que debe hacer y qué es lo que no debe hacer, se desorienta.

Es importante saber que para evitar muchos problemas de conducta en los niños, los padres deben ponerse de .... sobre qué cosas desean que el niño haga y cuáles no le permitirán hacer.*

*Si Ud. no puede completar la frase colocando la palabra adecuada donde aparece un espacio, es conveniente que relea las líneas anteriores. Las respuestas esperadas en cada uno de los recuadros aparecen en la última página de cada manual.

actividades que su niño puede hacer solo

(CM) — En el manual dos meses se dieron las instrucciones para hacer un remolino. Hágale uno y estimúlelo para que lo haga girar, soplando o andando con él. (Fig. 1).

(S) — Estimule al niño para que coopere tanto al comer como al vestirse. No importa que se demore; si lo deja ayudar, aprenderá antes a hacerlo solo. (Fig. 2).

(M) — Trate de conseguir cajas grandes de cartón o de madera; deje al niño jugar libremente con ellas; meterse adentro, subirse arriba, esconderse detrás de ellas, echar cosas adentro, ponerlas una encima de la otra. (Fig. 3).

C) — Pásele varios tarros de distinto tamaño, destapados. Pídale que le ponga a cada uno la tapa que corresponde.

(C) — En el manual del mes pasado, le sugerimos que le enseñara al niño a hacer un "collar" con carretes de hilo. Este mes puede hacer la misma actividad con la parte de afuera de cajitas de fósforos.

M) — ¿Le fabricó un "carretoncito" para arrastrar, con una caja y un cordel? Póngale ahora algo pesado adentro (un zapato, por ejemplo). O deje que el niño coloque cosas que a él le gusten dentro de la caja.

C Actividad que favorece el desarrollo de la coordinación fina e intersensorial.

M Actividad que favorece el desarrollo de la motricidad.

L Actividad que favorece el desarrollo del lenguaje.

S Actividad que favorece el desarrollo social.

actividades que su niño puede hacer con la ayuda de otra persona

(L) — Cuando lo está vistiendo, nombre las prendas de vestir, a medida que se las va poniendo.
Cuando lo alimenta, nombre las cosas de comida que le va dando.

(M) — Recuerde que es importante que el niño salga a caminar todos los días un rato.

(S) — Enséñele a despedirse: dar besos y mover la manito diciendo "chau" o "adiós".

(L) — El niño debe aprender que para todas las cosas que él hace, existe una palabra. Ud. puede ayudarlo, diciéndole la palabra que corresponde, cuando él está haciendo algo: "Estás sentado", luego se sienta Ud. y dice: "Estoy sentada". Lo mismo puede hacer con distintas acciones: correr, saltar, caminar, bailar, cantar.

(LS) — Deje que el niño la acompañe mientras Ud. prepara el almuerzo. Pásele un poquito de los ingredientes que está usando; por ejemplo, un pedacito de zanahoria, uno o dos tallarines.
Cada vez que Ud. le pase algo, nombre lo que le está pasando: "zanahoria", "sal".

(C) — En algunos casos puede aprovechar para que el niño perciba el olor de los ingredientes que Ud. le pasa.

(C) — En otros casos puede dejarlo probar distintos sabores. Por ejemplo, un poquito de sal. (Fig. 4).

(CS) — Pídale que vaya echando a la basura lo que Ud. va a botar: cáscaras, hojas de choclo, papeles. Si alguna de estas cosas le interesa especialmente, déjelo jugar libremente con ella. (Fig. 5).

(C) — Si está desgranando arvejas, habas o porotos, ponga un cordel entre las patas de una silla y pídale que vaya colgando las hojitas o vainas que Ud. desocupa (Fig. 6).

(CS) — Puede pasarle uno o dos porotos enteros y pedirle al niño que "ayude" a desgranar.

(C) — Si está amasando, pásele al niño un pedacito chico de masa para que juegue (Fig. 7).

(CS) — Cuando bañe al niño, déjelo que coopere y se lave al máximo por sus propios medios. (Fig. 8).

Si a su niño le cuesta especialmente responder a ciertas actividades, por ejemplo las del área del Lenguaje, repita las sugerencias que aparecen en manuales anteriores y que tienen la letra L al margen. Lo mismo vale para las otras áreas.

La inteligencia de un niño depende de los papás, Si la alimentan, crece; si no, se queda atrás.

Respuestas esperadas: 1) pegar; 2) sin; 3) acuerdo

4

5

6

7

8

manual diecisiete meses

Ahora que su niño va a cumplir un año y medio de vida, repasaremos algo de lo aprendido sobre su desarrollo mental.

1

¿Qué deben hacer los padres si desean que su niño tenga un desarrollo mental normal?

Deben preocuparse desde que el niño nace y no esperar hasta que el niño entre a la escuela.

2

¿Por qué es importante llevarlo al control médico?

Porque el médico o la enfermera le harán un examen general y podrán determinar si el desarrollo de su niño es normal o está atrasado.

3

Si el desarrollo muestra retraso, ¿se puede hacer algo?

Sí, un buen tratamiento siempre ayudará al niño.

4

¿Se recuperan totalmente los niños?

Depende de la gravedad del caso. Mientras más tarde se inicia el tratamiento, más difícil es la recuperación.

5

¿Qué puede pasar si la mamá no lleva al niño al médico?

Puede pasar que cuando entre a la escuela no pueda aprender como los demás niños; a los 6 años es más difícil y a veces, demasiado tarde para empezar un tratamiento.

6

Además de llevar al niño a control médico, ¿cómo puede una mamá cooperar para que su niño se desarrolle normalmente?

La mamá debe cooperar siguiendo las indicaciones que salen en el manual de cada mes, y siguiendo las indicaciones que le da la persona que controla al niño.

7

¿Es muy importante que tenga cosas para jugar?

Sí, es muy importante que pueda jugar con cosas adecuadas para su edad; que pueda jugar libremente con ellas, que pueda moverse, andar, hurguetear.

8

¿Es importante que los padres estén de acuerdo sobre lo que los niños deben o no deben hacer?

Sí, es muy importante, porque el desacuerdo entre los padres produce muchos problemas en los niños.

9

¿Es cierto que el castigo físico no debe usarse en la educación de los niños?

Sí, el castigo físico no debe usarse, porque los niños no aprenden más castigándolos; porque el castigo produce miedo y con miedo no se puede aprender; porque el castigo produce resentimiento hacia los padres; porque al pegarle se le enseña a ser peleador; y por muchas otras razones.

10

¿Cómo se puede entonces enseñar a un niño?
Se puede enseñar a un niño premiándolo cuando se porta bien. Es más fácil y mejor educar a un niño premiándolo por lo bueno, que castigándolo por lo malo.

11

¿Qué tipo de premios se le puede dar a un niño?
Existen premios materiales, como cosas de comer, juguetitos, etc.; y premios sociales como una sonrisa, un beso, una palabra de aprobación, prestar atención, etc.

12

¿Hay que estar premiando siempre al niño por todo lo que hace bien?
En un comienzo, cuando está recién aprendiendo algo nuevo, es conveniente premiarlo todas las veces que hace eso bien; después de que ha aprendido, basta con premiarlo de vez en cuando.

13

¿En qué momento hay que dar el premio? (elogios, dulces, beso).
El premio debe darse inmediatamente después de que el niño ha hecho algo bien.

14

¿Es bueno que la mamá esté siempre ayudando al niño?
No; la mamá no debe ayudar al niño a hacer las cosas que ya puede o podría hacer solo.

15

¿Influye en lo que el niño aprende el hecho de que él se sienta inteligente o torpe?
SÍ, la seguridad que el niño tiene en sí mismo influye mucho en lo que aprende. Para ayudarlo, deben celebrarlo cuando las cosas le resultan bien, nunca deben decirle o hacerle sentir que es poco capaz.

Para este mes le proponemos nuevos ejercicios que aparecen en las páginas siguientes.

actividades que su niño puede hacer solo

(M) — Este mes podrá fabricarle un trencito con varias cajitas amarradas para que lo tire (Fig. 1).

(C) — Déjele alguna prenda de vestir con botones grandes para que abroche y desabroche; igual cosa podrá hacer con un cierre-éclair o cierre relámpago. (Fig. 2).

(M) — Dele algo que pueda servir como martillo de juguete (no importa que sea niñita). En el comercio venden un banquito de carpintero con tarugos para martillar en varios hoyos. Si lo prefiere, hágale Ud. misma un juguete parecido; dibuje dos o tres redondeles (con una moneda) en la tapa de una caja de zapatos y recórtelos. Tape la caja y entréguele al niño algunos corchos y una cuchara de madera para que los martille haciéndolos pasar para el otro lado. (Fig. 3).

(C) — Otra manera de hacer este juguete es abrirle hoyos a un tarro, por los cuales pueden pasar palitos, al martillarlos.

(C) — Dele papel y lápiz para que raye.

(C) — Envuelva y amarre dos o tres de los objetos con que el niño juega y déjeselos para que él los desenvuelva. (Fig. 4).

(C) — En un pedazo de cartón haga hoyos de tamaño suficiente como para que pase un dedo. Déle al niño un cordel y muéstrele cómo pasar el cordel para uno y otro lado. (Fig. 5).

(S) — Pásele un trapo húmedo y pídale que se limpie solo la cara o las manos. (Fig. 6)

(S) — Cuando lo vaya a acostar, pídale que se saque él solo alguna prenda de vestir por ejemplo: los zapatos o el chaleco, en la mañana, al levantarse, pídale que se ponga los zapatos.

Prémielo por los esfuerzos que haga.

C Actividad que favorece el desarrollo de la coordinación fina e intersensorial.

M Actividad que favorece el desarrollo de la motricidad.

L Actividad que favorece el desarrollo del lenguaje.

S Actividad que favorece el desarrollo social.

2

3

4

5

6

actividades que su niño puede hacer con la ayuda de otra persona

(S) — Cuando vaya a comprar el pan, lleve al niño y pásele la bolsa a él. (Fig. 7).

(SL) — Recuerde que es bueno aprovechar lo mejor posible el rato en que lo asea para hacerle cariños, sonreírle, conversarle.

(LS) — Trate de enseñarle los nombres de las personas que ve con mayor frecuencia. Cuando estén cerca del niño, muéstrele la persona repitiendo el nombre.

(L) — Compre, si le es posible, un cuento corto con dibujos en colores. Puede ser con distintos animales. Nombre cada animal y muéstrele las cosas que los distinguen. Por ejemplo: "Éste es el elefante; tiene trompa larga; éste es el león, tiene melena; ésta es la jirafa, tiene el cuello largo". (Fig. 8).

(C) — A esta edad, le gustará jugar con agua. Vaciar, salpicar, ver, sentir, probar y oír el agua, le ayuda a desarrollar todos sus sentidos.

(M) — Cuando tenga la oportunidad, anime al niño a subir y bajar escaleras.

Si a su niño le cuesta especialmente responder a ciertas actividades, por ejemplo, las de Coordinación repita las sugerencias que aparecen en manuales anteriores y que tienen la letra C al margen. Lo mismo vale para las otras áreas.

¿Cómo puedo yo la mente de mi hijo alimentar? Haciendo los ejercicios que se dan en el manual.

7

8

manual dieciocho meses

Revisaremos tres aspectos que los padres deben recordar cuando quieran enseñar cualquier cosa a un niño. Usaremos, como ejemplo, el enseñar a no mojarse en los pañales.

1

No hay que tratar de enseñarle a un niño algo si sus brazos, piernas, cerebro, etc., no están todavía desarrollados para esa tarea.

La mamá que trata de enseñarle a su hijo a andar cuando tiene 6 meses, pierde su tiempo porque el niño no está desarrollado para esa tarea.

La mamá que le exige a su niño aprender a leer cuando tiene 3 años, pierde su tiempo porque el niño no está desarrollado para esa tarea.

La mamá que le exige a su niño que no se moje en los pañales cuando tiene menos de 18 meses, malgasta su tiempo, porque el niño no está .... para esa tarea.*

Es cierto que algunos niños aprenden antes si se les exige, pero también es cierto que muchos de estos niños tienen problemas posteriormente.

---

* Si Ud. no puede completar la frase colocando la palabra adecuada donde aparece un espacio, es conveniente que relea las líneas anteriores. Las respuestas esperadas en cada uno de los recuadros aparecen en la última página de cada manual.

2

Para enseñarle a una persona a hacer algo, por ejemplo, tejer un gorro, no hay que tratar de enseñarle todo de una vez; hay que ir por partes, empezando por lo más fácil. Por ejemplo, primero se le enseñará a urdir, después a tejer un tipo de punto (derecho), después a tejer otro punto (revés), después a disminuir, después a rematar, etc.

Si Ud. le pide a una persona que no sabe tejer que haga un gorro, y no le enseña parte por parte, se demorará mucho más en aprender.

Lo mismo pasa con los niños; si Ud. le pide que no se moje en los pañales y no le enseña parte por parte, se demorará mucho más en aprender.

Veamos cómo se puede enseñar a un niño, paso a paso, a no mojarse en los pañales.

Primera parte

Hay que enseñarle primero que entienda lo que significa hacerse pipí. Cuando se moje y se lo vaya a mudar se le dirá (sin enojo): "Te hiciste pipí". Cuando un hermanito está en la bacinica o en el baño, se le dirá: "Está haciendo pipí", etc. Si alguna vez el niño al ver pañales, o después de haberse mojado, dice "pipí", se lo celebrará. Quiere decir que ya ha aprendido la primera parte; saber lo que es hacer pipí.

Segunda parte

Luego se le podrá enseñar a sentarse en la bacinica, tratando de que quede cómodo; puede dejarle la ropa puesta y sentarlo no más de 3 minutos. Es sólo para que aprenda a sentarse. Prémielo con un beso cuando se quede sentado algunos minutos; no importa que no haga pipí. En esta segunda parte, basta con que aprenda a sentarse en el lugar donde después orinará. Posteriormente, puede sentarlo en la bacinica sin pañales.

Tercera parte

Cuando Ud. sospeche que el niño está por mojarse, siéntelo sin pañales en la bacinica. Déjelo no más de 3 minutos. Si hace pipí en la bacinica, prémielo. Si se hace después no le diga nada. Al comienzo haga esto sólo una vez en el día.

Después de que el niño haya orinado muchas veces en la bacinica y que la mamá lo haya premiado cada vez, aprenderá que eso es lo que a la mamá le gusta y comenzará a avisar cuando sienta que se va a mojar.

Es importante recordar que, para enseñarle algo a un niño, no hay que hacerlo de una vez, sino .... *

3

Aprender algo nuevo requiere tiempo. A veces las mamás deciden que ya llegó el momento en que el niño no debe mojarse; le quitan los pañales de un día para otro y le exigen que, en una o dos semanas, aprenda a avisar. Esto es lo mismo que pasarle una guitarra a una persona y exigirle que en dos semanas aprenda a tocar.

Es importante que los padres sepan que los niños, igual que la gente grande, no pueden aprender las cosas de un día para el otro.

Para aprender algo nuevo los niños se demoran a veces bastante.....*

Mes a mes, le sugerimos actividades que favorecen el desarrollo de su niño. Para este mes le aconsejamos lo siguiente:

actividades que su niño puede hacer solo

Consiga una caja o una bolsa donde el niño pueda guardar los objetos con los cuales juega. Esto le ayudará a distinguir cuáles son las cosas con las que puede jugar y cuáles no deben tocarse. En esta caja debería tener cubos de madera para hacer construcciones, cajitas de fósforos vacías, papel, lápiz, muñeca y otros objetos cuyo uso se ha descrito en manuales anteriores.

(M)* — Pásele un palo o una escoba para que juegue al caballito. (Fig. 1).

(S) — Estimule y premie al niño por colaborar en vestirse y desvestirse. Déjelo hacer solo todo lo que pueda, aunque se demore.

(C) — Fabrique un conjunto de figuras geométricas siguiendo las instrucciones que se dan al final del manual. Deje al niño jugar libremente con ellas.

C Actividad que favorece el desarrollo de la coordinación fina o intersensorial.

M Actividad que favorece el desarrollo de la motricidad.

L Actividad que favorece el desarrollo del lenguaje.

S Actividad que favorece el desarrollo social.

actividades que su niño puede hacer con la ayuda de otra persona

(SL) — Estimule y premie al niño por todos los intentos de cooperar en las actividades domésticas. Dígale: "Recoge las migas", "Pásame las llaves", "Abre la puerta", "Llévale esto a papá".

(S) — Estimule y premie al niño por todos los intentos de imitar a los adultos: peinarse, usar escobilla de dientes, llevar paquetes. (Fig. 3).

(S) — Dele oportunidades para jugar con niños de su edad. (Fig. 4).

(L) — Muéstrele animales (vivos o en dibujos) y enséñele el nombre y los sonidos que hace cada uno; el perro dice "guau", el gato dice "miau", el pollo dice "pío". (Fig. 5).

(SC) — Si Ud. está lavando y el niño está interesado en lo que Ud. hace, póngale al lado suyo un tiesto con un poquito de agua y déjelo lavar un trapito, escobillarlo, estrujarlo, tenderlo.

(SC) — Haga que vaya conociendo el orden en la casa; que la ropa sucia se guarda en un lugar, la comida en otro. (Fig. 6). Pídale al niño que le muestre objetos o partes del cuerpo que Ud. nombra; hágalo repetir la palabra. Por ejemplo, si Ud. le dice: "Muéstrame tu pie", y el niño se lo indica con la mano, hágale repetir a él, diciéndole: "Sí, muy bien, ése es tu pie; repite PIE".

(M) — Juegue con el niño a la pelota. (Fig. 7).

(LMS) — Hágale ejercicios acompañados de algún canto. Puede hacer, por ejemplo, ejercicios rítmicos con las manos mientras le canta: "Pimpirigallo, monta a caballo, con las espuelas de mi tocayo". O puede hacerlo golpear las manos mientras Ud. le canta "La niña María ha salido en el baile". Todo lo que sea moverse al ritmo de una canción le gustará y le servirá para su desarrollo: galopar en las rodillas del papá, hacer un trencito con otro niño ("Pa-pa-pa, la gallina que se va").

48

3

4

5

49

6

7

juguetes para construir

FIGURAS GEOMÉTRICAS

El juguete que le proponemos este mes consiste en fabricar:

2 círculos azules   2 cuadrados azules
2 círculos rojos   2 cuadrados rojos
2 círculos amarillos   2 cuadrados amarillos

Los círculos deben ser aproximadamente del porte de la boca de una tacita de café y los cuadrados, más o menos del mismo tamaño. En cuanto al material, hágalos con lo más duro que logre conseguir: cartón, madera.

En un comienzo, deje que el niño juegue libremente con las figuras. Más adelante le propondremos juegos para hacer con ellos.

Si a su niño le cuesta especialmente responder a ciertas actividades, por ejemplo, las del área de la motricidad, repita las sugerencias que aparecen en manuales anteriores y que tienen la letra M al margen. Lo mismo vale para las otras áreas.

Para que el niño crezca se le debe alimentar; su inteligencia se debe estimular.

Respuestas esperadas: 1) desarrollado; 2) parte por parte; 3) tiempo.

manual diecinueve meses

1

Cuando una persona está aprendiendo algo, a veces le resulta bien y otras veces le resulta mal.

Lo mismo le sucede al niño cuando está aprendiendo a no mojarse en los pañales. A veces se moja y otras veces alcanza a avisar.

¿Cuánto tiempo se demora un niño en aprender esto?

Todos los niños son distintos; algunos se demoran poco, otros se demoran más. Hay que tener paciencia. Si después de los 4 años el niño todavía se moja con frecuencia en el día o en la noche, es aconsejable consultar al médico.

Si su niño lleva algún tiempo sin mojarse en los pañales y un día vuelve a hacerlo, no es porque sea mañoso o porque le guste molestar.

Lo hace porque cuando se está aprendiendo algo, a veces las cosas resultan bien y otras resultan ....*

2

Es más fácil aprender algo si a uno le muestran cómo se hace, que si le explican sin mostrarle.

A Ud. le será mucho más fácil aprender a preparar una comida si ve a alguien preparándola, que si alguna persona le explica cómo se hace, pero sin mostrarle. Al niño le sucede lo mismo.

*Si Ud. no puede completar la frase colocando la palabra adecuada donde aparece un espacio, es conveniente que relea las líneas anteriores. Las respuestas esperadas en cada uno de los recuadros aparecen en la última página de cada manual.

Por eso, cuando quiera enseñar algo a su niño, explíquele; pero además .... cómo debe hacerse lo que Ud. desea que aprenda.*

3

Ya hemos dicho anteriormente que el castigo no debe usarse con los niños porque les hace mal y porque hay otras formas de enseñar que son más rápidas y dan mejores resultados. Hemos explicado también, a manera de ejemplo, cómo se le puede enseñar a un niño a no mojarse en los pañales. Hemos aprendido así, a través de ese ejemplo, que para enseñarle a un niño cualquier cosa nueva es importante saber que: hay que esperar hasta que el niño esté preparado para esa tarea; hay que enseñarle las cosas de a poco, parte por parte; hay que tener paciencia, porque aprender algo nuevo toma tiempo.

Hemos aprendido, además, que no es necesario usar ....*

Las actividades que le sugerimos para este mes son las siguientes:

actividades que su niño puede hacer solo

(C) — Pásele revistas viejas para hojear. (Fig. 1).
(C) — Dele hojas de diario y enséñele a cortar con las manos tiras largas o cuadraditos. (Fig. 2).
(C) — Hágalo guardar todos los papeles recortados en algún envase.
(C) — Pásele cajitas de distinto tamaño para que las guarde unas dentro de otras; por ejemplo: una cajita de fósforos dentro de una de té; la de té dentro de una de zapatos, etc. (Fig. 3).
(C) — Pásele las figuras de colores que le hizo el mes pasado y muéstrele cómo se pueden poner en fila, torres, montones, etc.
(C) — Con las mismas figuras, muéstrele cómo se pueden juntar todas las que son cuadradas o todas las que son redondas.

C Actividad que favorece el desarrollo de la coordinación fina e intersensorial.
M Actividad que favorece el desarrollo de la motricidad.
L Actividad que favorece el desarrollo del lenguaje.
S Actividad que favorece el desarrollo social.

actividades que su niño puede hacer con la ayuda de otra persona

(LS) — Enséñele un canto acompañado de gestos. Por ejemplo: "Los pollitos dicen: pío, pío, pío, cuando tienen hambre, cuando tienen frío". Estimule al niño para que imite los gestos que Ud. hace y las palabras que dice.
Tóquele distintas partes del cuerpo y nómbreselas a medida que se las toca. "Aquí está tu nariz, tu boca, tus ojos". (Fig. 4). Coloque algo encima del suelo (caja de tallarines) y pídale que pase por encima, sin pisarlo. (Fig. 5).

(SM) — Si le es posible, llévelo a una plaza de juegos infantiles. Le gustará y le hará bien columpiarse, caminar, ver a otros niños. (Fig. 6).

(ML) — Esconda un objeto que al niño le guste y explíquele dónde está sin mostrarle. Por ejemplo, "Tu caja está debajo de la cama, anda a buscarla".

(L) — Muéstrele al niño partes de su cuerpo u objetos y pídale que diga el nombre; tóquele la nariz, por ejemplo y pregúntele: "¿Qué es esto?". Haga lo mismo, en distintas oportunidades, con la boca, ojos, pelo, cabeza, orejas, lengua, dientes, brazos, manos, dedos, piernas, etc. Muéstrele también y haga que nombre los objetos de uso común en la casa. Trate de hacer estos ejercicios en forma de juego y entretenidos. Si el niño se equivoca al nombrar, corríjalo sin retarlo. Por ejemplo: si al ver un caballo dice "perro", dígale: "Sí, se parece a un perro, pero le decimos caballo".

(M) — Tómelo de las manos y levántelo en el aire.

(C) — Déjelo vaciar pequeñas cantidades de líquido de un envase a otro.

(L) — Vea junto con el niño una revista y hágale preguntas simples como: "¿Qué es esto?", "¿Qué está haciendo el niño?", etc.

Si a su niño le cuesta especialmente responder a ciertas actividades, por ejemplo, las del área del desarrollo social, repita las sugerencias que aparecen en manuales anteriores y que tienen la letra S al margen. Lo mismo vale para las otras áreas.

La inteligencia de un niño depende de los papás. Si la alimentan, crece; si no, se queda atrás.

Respuestas esperadas: 1) mal; 2) muéstrele; 3 castigo.

4

5

6

manual veinte meses

1

Una persona se está quedando ciega y no va al doctor; sabemos que mientras más demore, más difícil será el tratamiento. Otra persona tiene cáncer y no va al doctor; mientras más se demore en consultar, más difícil será que pueda recuperarse.

> **Si un niño de un año y medio tiene algún retraso en su desarrollo y no se lo lleva a consultar, mientras más se demoren los papás en llevarlo, más .... será que se recupere.***

2

A todos los papás les gustaría poder estar seguros de que cuando su niño entre a la escuela, no va a tener problemas para entender lo que la profesora explica, para recordar lo que ha estudiado, para aprender a leer y escribir.

Para evitar que esto suceda, hay que controlar al niño desde el primer año de vida. El tiempo que se pierde, esperando que el niño cumpla 6 o 7 años, después no se puede recuperar.

---

*Si Ud. no puede completar la frase colocando la palabra adecuada donde aparece un espacio, es conveniente que relea las líneas anteriores. Las respuestas esperadas en cada uno de los recuadros aparecen en la última página de cada manual.

> **Si los padres quieren cooperar para que su niño no tenga problemas de aprendizaje en la escuela, deben empezar a preocuparse de su desarrollo mental, no cuando tenga 6 o 7 años, sino desde el .... año de vida.**

3

El niño que en la escuela no puede aprender tanto como sus compañeros sufre mucho. La mamá del niño que no aprende también sufre. Un país donde miles de niños tienen problemas para aprender es un país que sufre.

> **Por lo tanto, los padres que se preocupan desde el comienzo del desarrollo de su niño, evitan el sufrimiento del ...., de la .... y del ....***

Para este mes le sugerimos las siguientes actividades:

59

actividades que su niño puede hacer solo

(M) — Juego de palitroques. Para que su niño tenga un juego de palitroques, basta con que le junte algunas botellas plásticas o palos o envases. La pelota la puede fabricar con calcetines viejos. Ponga las botellas a una cierta distancia del niño y enséñele a botarlas pegándole con la pelota. (Fig. 1).
Él mismo podrá después levantarlas y colocarlas nuevamente.

(C) — Dele al niño una hoja de diario o un papel de envolver y un lápiz. (Fig. 2).

(S) — Favorezca las situaciones en que pueda jugar con otros niños.

(S) — Favorezca en el niño la expresión de sus sentimientos: risa, besos, abrazos. (Fig. 3).

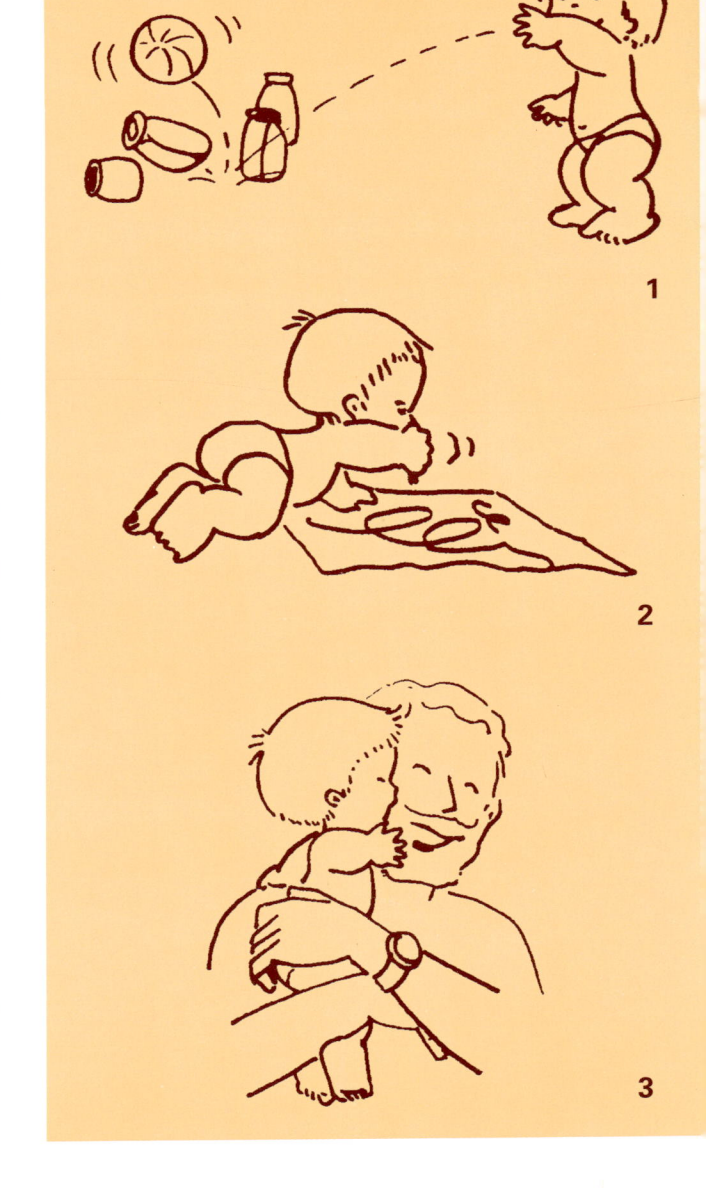

C Actividad que favorece el desarrollo de la coordinación fina e intersensorial.
M Actividad que favorece el desarrollo de la motricidad.
L Actividad que favorece el desarrollo del lenguaje.
S Actividad que favorece el desarrollo social.

actividades que su niño puede hacer con la ayuda de otra persona

(C) — Esconda algún objeto chico en su mano (una moneda, por ejemplo) y deje que el niño le abra la mano para recuperar el objeto.

(C) — Esconda un objeto en una mano; páselo a la otra mano, ante la vista del niño y ponga frente a él las dos manos cerradas para que busque el objeto. Posteriormente, podrá complicar más el juego pasando el objeto de un escondite á otro y después a un tercero.

(L) — Enséñele al niño a imitar distintos sonidos: silencio (Sh), sirenas,

(S) — Enséñele a sonarse.

(L) — Aproveche al máximo las oportunidades para indicarle con palabras lo que tiene que hacer. Por ejemplo, dígale: "Fulanito cierra la puerta, por favor", "Pásame los fósforos", "Corre", "Levanta un pie".

(CL) — Déjelo explorar algunos lugares de la casa, si lo puede estar vigilando; por ejemplo, cajón de algún mueble, lugar donde hay cosas de comida, bolsón de algún hermano, bolsillo o cartera de la mamá. Dígale el nombre de los objetos que le interesen al niño. Hágalo repetir esos nombres. (Fig. 4).

(C) — Nómbrele, a medida que lo viste, cada una de las cosas que le pone. (Fig. 5).

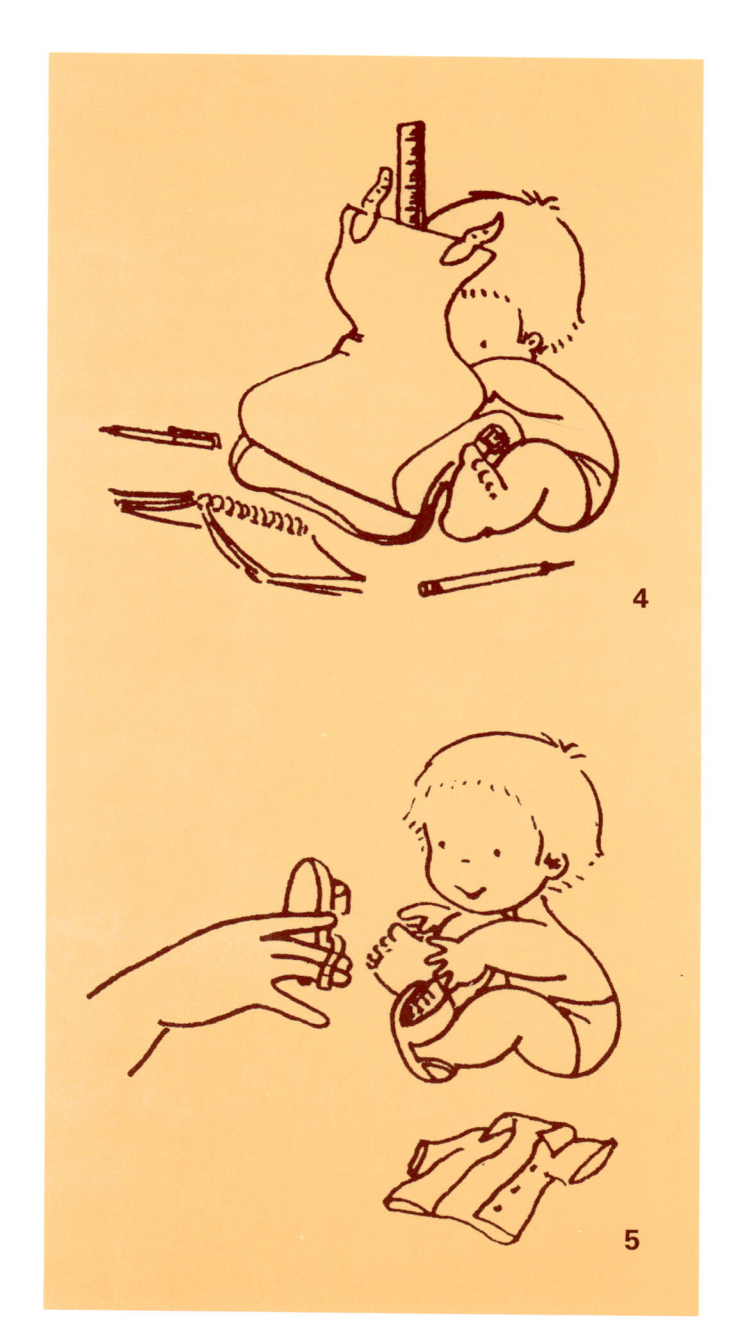

Revise los manuales anteriores y repita las actividades que todavía le interesan: tirar un carretoncito, hacer construcciones con cajas de fósforos, jugar con las figuras geométricas de colores, vestir a la muñeca, mirar revistas.

Si a su niño le cuesta especialmente responder a ciertas actividades, por ejemplo, las del área del Lenguaje, repita las sugerencias que aparecen en manuales anteriores y que tienen la letra L al margen. Lo mismo vale para las otras áreas.

> ¿Cómo puedo yo la mente de mi hijo alimentar? Haciendo los ejercicios que se dan en el manual.

Respuestas esperadas: 1) difícil; 2) primer; 3) niño, - mamá, - país.

manual veintiún meses

1

Cuando un niño no come, siente hambre; entonces llora y pide algo con qué satisfacerse.

El hambre es útil porque nos avisa que el cuerpo necesita alimento.

Cuando un niño no alimenta su inteligencia, también siente hambre; es un hambre de aprender. Los niños sanos sienten hambre de aprender y salen entonces a recorrer la casa, a mirar objetos, a tocarlos, a usarlos; salen a buscar con qué alimentar su inteligencia.

Es bueno que el niño se mueva, busque cosas nuevas, pida objetos para usarlos; eso nos avisa que está sano, que su inteligencia tiene .... y que anda buscando cómo alimentarla.*

2

Hay mamás que, sin darse cuenta, no dejan que el niño alimente su inteligencia. Le piden que no se mueva, le prohíben que toque objetos, no le contestan lo que pregunta.

---

*Si Ud. no puede completar la frase colocando la palabra adecuada donde aparece un espacio, es conveniente que relea las líneas anteriores. Las respuestas esperadas en cada uno de los recuadros aparecen en la última página de cada manual.

La mamá que sabe que debe alimentar la inteligencia de su niño lo deja .... Le permite .... objetos, le .... sus preguntas.*

3

Si una mamá quiere alimentar bien la inteligencia de su niño, ¿debe dejar que haga y tome todo lo que quiera? NO. Una de las cosas que el niño tiene que aprender es a distinguir que hay objetos que se pueden tocar y otros que no se pueden tocar, (brasero, llaves del gas, estufas a parafina); que hay actividades que se pueden hacer (saltar en el suelo) y otras que no se pueden hacer (saltar arriba de la mesa).

Para alimentar la inteligencia de su niño hay que dejarle el máximo de libertad para que juegue con las cosas que lo rodean.

Hay que enseñarle también que hay objetos que .... se deben tocar y actividades que .... se pueden hacer.*

Para facilitarle su tarea y ayudarla de manera que pueda alimentar, no sólo el cuerpo de su niño, sino también su inteligencia, le sugerimos este mes las siguientes actividades:

actividades que su niño puede hacer solo

(C)* — Pase al niño distintos tipos de envases para que los abra y cierre; frasco con tapa atornillada, tarro con tapa a presión, bolsita con cierre éclair o cierre relámpago etc. Para que el niño se interese más en este ejercicio, le puede echar adentro de cada envase algo que a él le guste: un pedacito de galleta, un juguetito, etc.

(M) — Haga una pelota con papel de diario y tírela dentro de un recipiente grande. Deje después al niño que haga solo la pelota y que la tire para que caiga en el interior del recipiente. (Fig. 1).

(C) — Amarre un cordel a la altura del niño para que él cuelgue distintos objetos: tiras de papel, trapitos, etc.

(C) — Pase al niño una hoja de papel de envolver o de diario y un lápiz. Enséñele a hacer líneas.

(C) — Pásele las figuras geométricas que le fabricó (instrucciones en el manual dieciocho meses), y propóngale como juego juntar en un montoncito todos los círculos, de cualquier color que sean. (Fig. 2).

C Actividad que favorece el desarrollo de la coordinación fina e intersonsorial.
M Actividad que favorece el desarrollo de la motricidad.
L Actividad que favorece el desarrollo del lenguaje.
S Actividad que favorece el desarrollo social.

actividades que su niño puede hacer con la ayuda de otra persona

(C) — Tape con algo un objeto con que el niño esté jugando; pregúntele: "¿Dónde está?". Deje que él lo recupere. (Fig. 3).

(L) — Tome una revista y muéstrele en alguna imagen de persona, las distintas partes del cuerpo: cabeza, piernas, brazos, ojos, boca. Estimule al niño para que repita lo que Ud. dice. (Fig. 4).

(C) — Ponga un espejo al alcance del niño y déjelo entretenerse libremente mirándose en él. (Fig. 5).

(L) — Tome una revista y muéstrele en alguna imagen de animal, las distintas partes del cuerpo: patas, cola, orejas, hocico.

(LC) — Hágalo adivinar ruidos, haciendo sonar distintos objetos fuera de la vista del niño; por ej.: llaves, campanilla, chocar los dedos. Pregúntele al niño: "¿Qué es?". Muéstrele después el objeto que ha hecho sonar y dígale el nombre "Son las llaves". O bien, aproveche ruidos que se produzcan, como el ladrido de un perro, el cerrar de una puerta, el correr del agua, para preguntarle al niño: "¿Qué es?"... "¿Qué fue lo que sonó?" (Fig. 6).

(CL) — Enséñele al niño a ordenar cosas: guardar en un lugar los objetos con que juega, juntar sus zapatos. Si Ud. ha recogido en un bulto la ropa tendida, puede pedirle al niño que le ayude a ordenarla; diciéndole, por ejemplo, que le vaya pasando los calcetines. Después puede seguir con otra prenda de vestir. Nombre las prendas de vestir que va ordenando. (Fig. 7).

(L) — Exprese con palabras lo que el niño está haciendo: "Te sientas en la silla", "Cierras la puerta", "Levantas un pie".

(ML) — Hágale un juego en que él debe hacer los movimientos que Ud. le pide; por ejemplo: "levanta un brazo (si no lo hace, muéstrele cómo hacerlo), siéntate, párate, acuéstate, corre, ponte boca abajo, de espaldas, sube a la silla".

(S) — Recuerde que es bueno que el niño se acostumbre a estar con otras personas, grandes y chicos; favorezca la situaciones para que lo pueda hacer.

(L) — Complete las frases que el niño dice en forma incompleta.
Por ejemplo, si el niño dice: "agua", Ud. podrá terminar la frase diciéndole: "Mamá, quiero agua".

(L) — Recorra la pieza con él y váyale preguntando frente a distintos objetos: "¿Qué es esto?". Celébrelo cuando diga el nombre correcto. Lo mismo puede hacer frente a personas, preguntándole: "¿Quién es?".

3

4

5

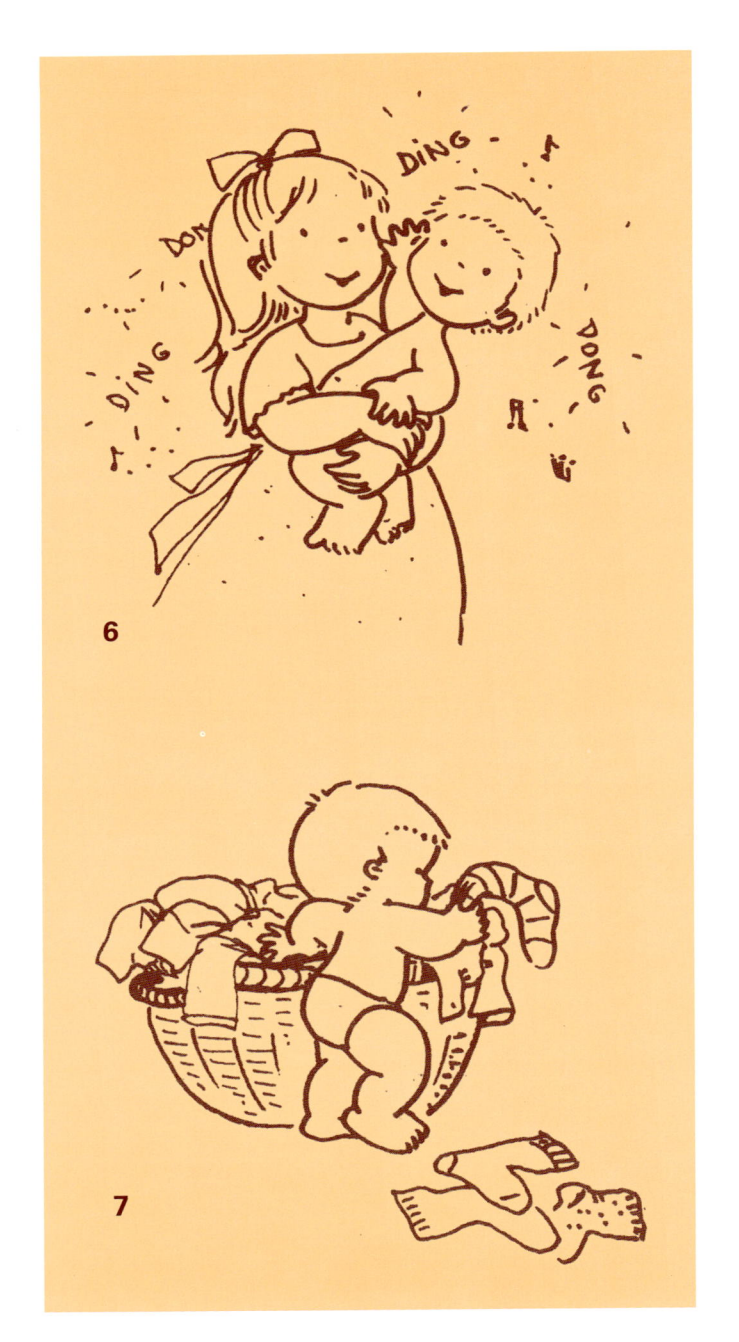

Si a su niño le cuesta especialmente responder a ciertas actividades, por ejemplo, las de Coordinación, repita las sugerencias que aparecen en manuales anteriores y que tienen la letra C al margen. Lo mismo vale para las otras áreas.

Para que el niño crezca se le debe alimentar; su inteligencia se debe estimular.

Respuestas esperadas: 1) hambre; 2) moverse, tocar, - contesta. 3) no, - no.

manual veintidós meses

1

A veces los padres, sin darse cuenta, hacen que el niño crea que no lo quieren, porque le dedican mucho más tiempo o atención a otro hermano; ya sea porque es más chico, porque está enfermo, porque molesta más o por cualquier otra razón.

Un niño, para crecer sano mentalmente, debe sentirse seguro del cariño de sus padres. Por eso, es importante que los padres no hagan diferencias en el cariño que dan a los niños.

> **El cariño ayuda a que se desarrollen sanos ....***

2

Es importante que la mamá se preocupe de la inteligencia del niño. Pero la inteligencia no lo es todo; también importan los sentimientos. Además es útil saber que la inteligencia del niño no funcionará si hay en él sentimientos negativos como inseguridad, rabia, miedo.

---

* Si Ud. no puede completar la frase colocando la palabra adecuada donde aparece un espacio, es conveniente que relea las Líneas anteriores. Las respuestas esperadas en cada uno de los recuadros aparecen en la última página de cada manual.

Algunos niños no pueden aprender, a pesar de que son muy inteligentes. Esto se debe frecuentemente a que tienen problemas afectivos.

> **Cuando un niño no aprende, puede ser porque su inteligencia no se ha desarrollado o puede ser, también, porque hay en él sentimientos negativos como ....**

3

Anteriormente hemos señalado que hay que alimentar el cuerpo y la inteligencia del niño. No debemos olvidarnos de que también hay que "alimentar" sus sentimientos. ¿Cómo se alimentan los sentimientos del niño? Se alimentan cuando los padres le expresan cariño y le enseñan a sentir y expresar cariño a otras personas.

> **Cuando a un niño se lo deja de lado, no se le presta atención, no se le expresa cariño, se le está negando "alimento" para el desarrollo de sus ....**

actividades que su niño puede hacer solo

(MC)* — Revise los manuales anteriores y sugiérale al niño cualquiera de las actividades propuestas y que todavía le interesen. Por ejemplo: jugar al caballito montando una escoba, jugar a los palitroques, cortar papel, hacer construcciones. (Fig. 1).

(SC) — Es bueno que Ud. aprenda a inventar juegos para su niño, según los intereses de él en un momento dado. Para eso, debe observarlo y fijarse qué cosas le gusta hacer. Por ejemplo: si le gusta intervenir cuando Ud. está cocinando, le puede pasar una ollita y una cuchara para que el niño le prepare el "almuerzo" a su muñeca. (Fig. 2).
Si cada vez que Ud. está tejiendo, el niño quiere tomarle los palillos y la lana, podrá pasarle un palito y un cordel (o lana) para que tenga su propio "tejido". O si le gusta meterse en el medio, cuando Ud. está lavando, le puede pasar una ollita con agua y algo chico para que lave.

(C) — Pásele al niño lápiz y enséñele a hacer círculos. Tome con su mano la del niño y guíesela mientras repasa varias veces el mismo redondel. No se moleste si en un comienzo hace sólo rayas desordenadas; déjelo escribir libremente en el papel.

C Actividad que favorece el desarrollo de la coordinación fina e intersensorial.
M Actividad que favorece el desarrollo de la motricidad.
L Actividad que favorece el desarrollo del lenguaje.
S Actividad que favorece el desarrollo social.

actividades que su niño puede hacer con la ayuda de otra persona

(C)* — Estimúlelo a que, cuando coma, use el tenedor para ensartar algunos alimentos blandos: banana, por ejemplo.

(L) — Conteste siempre las preguntas que el niño haga, y en la forma más sencilla que pueda. No mienta al niño porque lo confunde. Es preferible que la mamá diga "No sé" a que invente.

(L) — Cuando el niño le pida algo, estimúlelo para que se lo pida con palabras y no sólo con gestos o ruidos.

(M) — Ponga la radio y haga moverse al niño al ritmo de la música; levantar un pie, levantar el otro; levantar las manos, palmotear, dar vueltas.

(S) — Favorezca las situaciones en que pueda jugar con otros niños.

(LC) — Enséñele a contar. El niño no podrá entender todavía qué significan los distintos números; pero sí, puede ir aprendiendo los números por orden: uno, dos, tres. Cuando le enseñe, puede irle mostrando objetos; por ejemplo, le muestra un zapato y luego el otro, diciendo: "Uno, dos; hay dos zapatos". O bien, le abre los dedos de la manito y a medida que se los va tomando, le dice: "Uno, dos, tres, cuatro, cinco; tienes cinco deditos". (Fig. 3).

(C) — Levántelo hasta la llave para que se enjuague sólo las manitos. (Fig. 4).

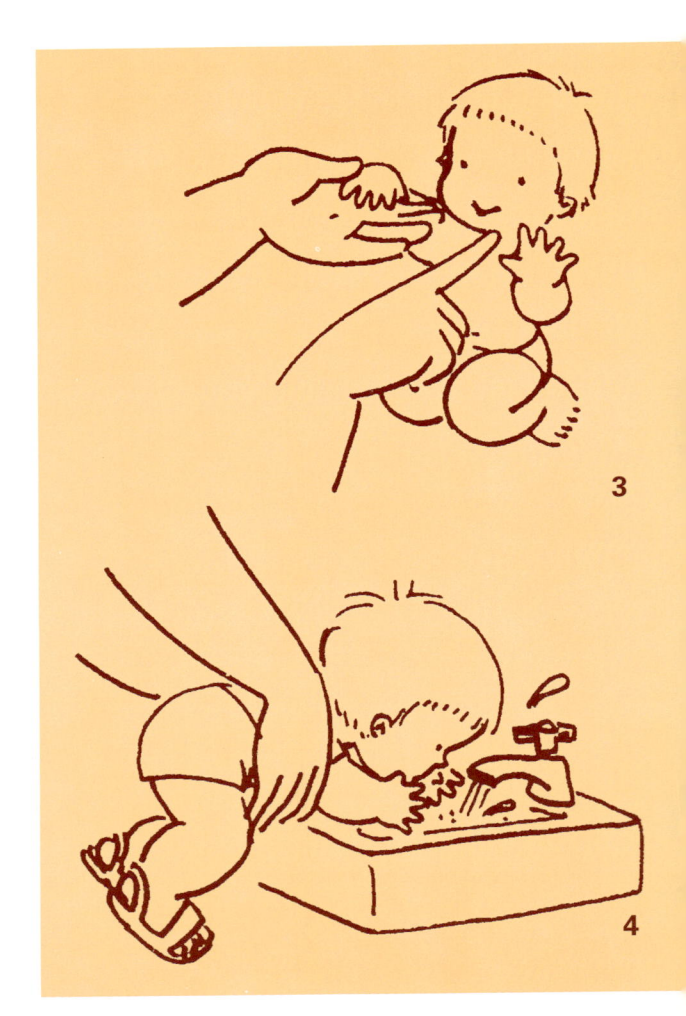

Si a su niño le cuesta especialmente responder a ciertas actividades, por ejemplo las del área de la motricidad, repita las sugerencias que aparecen en manuales anteriores y que tienen la letra M al margen. Lo mismo vale para las otras áreas.

Respuestas esperadas: 1) mentalmente; 2) inseguridad, rabia, miedo. 3) sentimientos.

manual veintitrés meses

Ahora que su niño va a cumplir dos años de vida, repasaremos lo que hemos aprendido en los últimos meses sobre su desarrollo.

1

Para que el niño se desarrolle normalmente, hay que "alimentar" su cuerpo, su inteligencia y sus sentimientos.

2

Si el niño presenta una alteración o retraso en cualquiera de estos aspectos, mientras más se demoren los padres en consultar, más difícil será que se recupere.

3

Si tiene problemas en relación con sus sentimientos (miedo, rabia), aunque sea inteligente, le costará aprender.

4

Para evitar que surjan estos problemas, es importante, entre otras cosas, evitar que los padres hagan diferencias en el cariño que dan a los niños.

5

Alimentar la inteligencia es un deber de los padres, porque todos los niños tienen hambre de aprender.

6

Alimentar la inteligencia no significa dejar que el niño haga todo lo que quiera.

7

Alimentar la inteligencia significa ayudar al niño para que aprenda.

8

Al enseñar algo al niño, los padres deben recordar:

— Que es importante asegurarse de que el organismo del niño esté preparado para esa tarea.
— Que el aprendizaje debe hacerse parte por parte, empezando por lo más fácil.
— Que hay que reconocer y recompensar cada pequeño progreso.
— Que el aprendizaje requiere tiempo.
— Que cuando se está aprendiendo algo, las cosas a veces resultan bien y otras veces resultan mal.
— Que es más fácil aprender con una demostración que sólo con explicaciones.
— Que no es necesario usar castigo.

Para este mes le proponemos las siguientes actividades:

actividades que su niño puede hacer solo

(C)* — Pásele el juego de figuras geométricas (manual dieciocho meses) y pídale que separe y ponga en un montón aparte, primero los cuadrados, y luego los círculos.

(C) — Haga amarras simples con un cordel, cinta o trapo; las amarras pueden hacerse en la pata de la mesa, silla o cualquier otro objeto. Pida al niño que suelte las amarras. En un comienzo las amarras deben ser simples y sueltas (Fig. 1).

(C) — Pásele unas cuantas cajas de fósforos vacías y un montoncito de tapas de bebidas. Pídale que las separe y deje a un lado las cajitas y a otro lado las tapas (Fig. 2).

---

*C Actividad que favorece el desarrollo de la coordinación fina e intersensorial.
M Actividad que favorece el desarrollo de la motricidad.
L Actividad que favorece el desarrollo del lenguaje.
S Actividad que favorece el desarrollo social.

actividades que su niño puede hacer con la ayuda de otra persona

(LS) — Estimúlelo a que coopere en tareas domésticas dándole órdenes que pueda cumplir: "Pon las cucharas en la mesa"; "Barre con la escoba las migas que hay en el suelo"; "Lleva a la basura estos papeles". (Fig. 3).

(M) — Jugar al "pillarse". (Fig. 4).

(M) — En un comienzo los niños bajan las escaleras sentados o gateando; ayúdelo ahora a bajar caminando.
Enséñele a contar, en la forma que se indicó el mes anterior.
Sacarle el fondo a una caja de cartón grande para que él pase a través de ella.

(SM) — Llevarlo a una plaza de juegos infantiles.

(MC) — Ponga la radio y hágale ejercicios al compás de la música; si es suave, movimientos suaves; si es rítmica, puede hacerlo marchar.

(LC) — Trate de enseñarle al niño qué significa "arriba" y "abajo". Para lograr esto, tome, por ejemplo, un objeto que al niño le interese; levántelo y dígale "arriba"; luego póngalo en el suelo y dígale "abajo". Póngalo encima de la mesa diciendo "arriba de la mesa". Póngalo bajo la mesa diciendo "bajo la mesa".
Repita esto con distintos objetos. Luego, puede preguntarle al niño: "¿Dónde está el tenedor?". Cuando él lo mire o lo tome, dígale "Está arriba de la mesa". O puede preguntarle: "¿Dónde están los zapatos?" y decir: "Bajo la cama". Aproveche todas las oportunidades posibles para usar estas dos palabras mostrando al niño objetos que estén arriba o abajo. No se olvide de premiar al niño cuando entienda lo que Ud. le ha dicho o cuando intente decir él, "arriba" o "abajo".

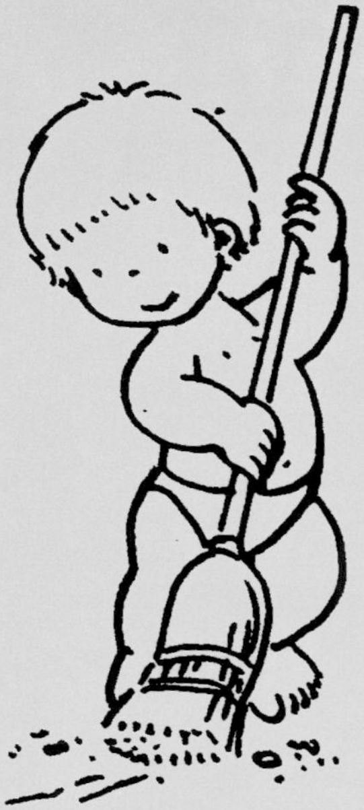

3

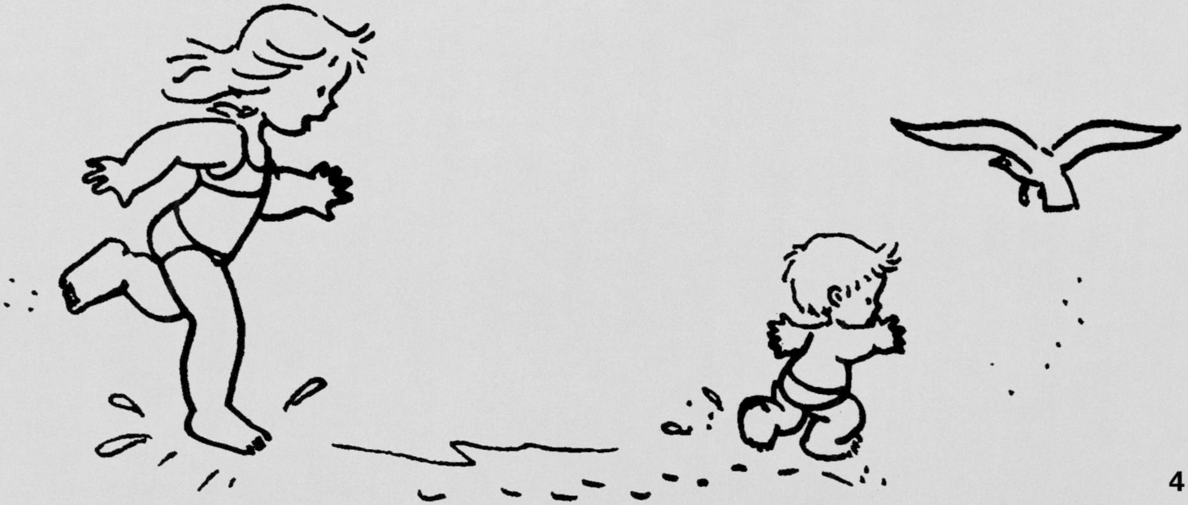

4

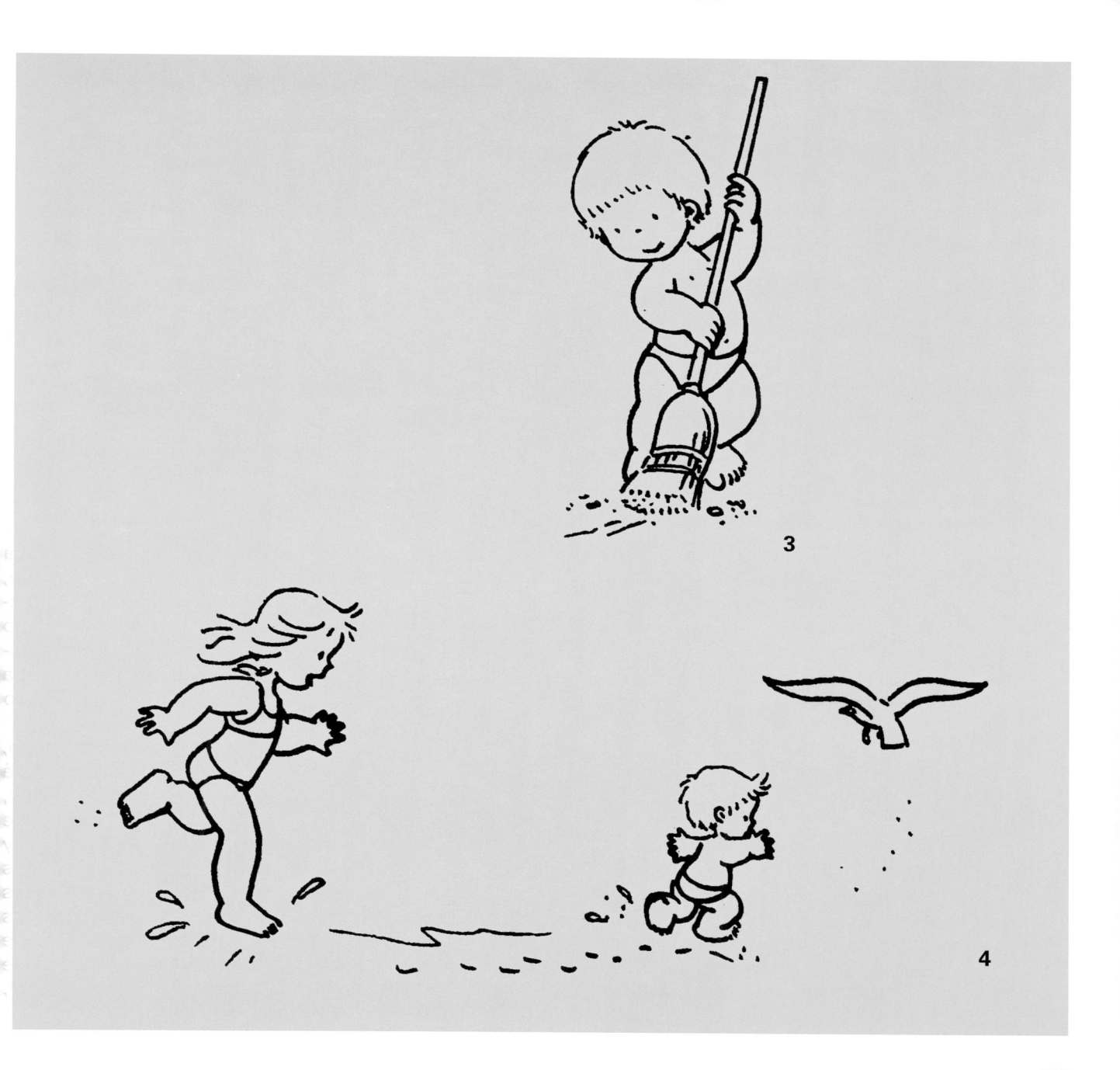

juguetes para construir

(C) **1. ENSAMBLAJE.**
En un cartón del tamaño de una hoja de carta, más o menos, haga un dibujo simple como el que aparece en la Figura 5. Recorte el triángulo y el círculo y deje el hueco.
En otro pedacito de cartón dibuje figuras siguiendo la forma de los huecos que dejó (triángulo y círculo) y recórtelas. El juego consiste en pasarle el cartón con los huecos y las figuras; luego, pedirle que coloque cada una en el lugar que le corresponde.
Con este tipo de juguete se puedan hacer muchas variaciones, haciéndolo cada vez más difícil, como es el caso de la Figura 6.

(C) **2. MASA PARA MODELAR.**
Prepare una masita con dos cucharadas de sal, cuatro cucharadas de harina, media cucharada de aceite y un poquito de agua.
Pásala al niño y dele algunas ideas: hacer bolitas, hacer pancitos, amoldarla adentro de una cajita de fósforos. (Fig. 7).

(C) **3. ROMPECABEZAS**
Escoja en alguna revista un dibujo grande y sencillo que al niño le guste. (Al final de este manual aparece un dibujo que Ud. puede pintar y pegar en un cartón); después, córtelo en 3 pedazos siguiendo la línea de puntos. El juego consiste en pedirle al niño que lo arme.

A lo largo de dos años, le hemos entregado algunas sugerencias para educar al niño y le hemos propuesto, mes a mes, actividades para realizar con él.
Contando con la buena disposición y cariño con que todos los padres inician la crianza de sus hijos, esperamos que estos manuales le hayan servido de ayuda en la maravillosa tarea de hacerlos crecer no sólo física, sino también mentalmente.
La ayuda de los padres no termina a los dos años de vida del niño. En el largo camino que les queda por recorrer, les deseamos buena suerte y que nunca priven a sus hijos del tiempo y cariño que necesitan y se merecen.

5

7

8

81

Impreso en Gráfica Laf S.R.L.
Monteagudo 741 - Villa Lynch - Pcia de Buenos Aires
Tirada 2000 ejemplares
Junio de 2010